农户的健康投资行为及其对贫困的影响研究

——基于内蒙古深度贫困地区的调研数据

Research on Farmers' Health Investment Behavior and Impact on Poverty

——Based on survey data in deep poverty areas of Inner Mongolia

陶　娅　盖志毅　著

中国财经出版传媒集团
中国财政经济出版社

图书在版编目（CIP）数据

农户的健康投资行为及其对贫困的影响研究：基于内蒙古深度贫困地区的调研数据／陶娅，盖志毅著．--北京：中国财政经济出版社，2022.8

ISBN 978 -7 -5223 -1647 -5

Ⅰ.①农… Ⅱ.①陶… ②盖… Ⅲ.①农户－健康－投资行为－研究－内蒙古 ②农户－贫困问题－研究－内蒙古 Ⅳ.①D422.7 ②F323.8

中国版本图书馆 CIP 数据核字（2022）第 148840 号

责任编辑：陆宗祥　　　　责任印制：史大鹏
封面设计：卜建辰　　　　责任校对：胡永立

农户的健康投资行为及其对贫困的影响研究
NONGHU DE JIANKANG TOUZI XINGWEI JIQI DUI PINKUN DE YINGXIANG YANJIU

中国财政经济出版社 出版

URL：http：//www. cfeph. cn
E－mail：cfeph@ cfeph. cn

社址：北京市海淀区阜成路甲 28 号　邮政编码：100142
营销中心电话：010－88191522
天猫网店：中国财政经济出版社旗舰店
网址：https：//zgczjjcbs. tmall. com
北京财经印刷厂印刷　各地新华书店经销
成品尺寸：170mm×240mm　16 开　12.5 印张　193 000 字
2022 年 8 月第 1 版　2022 年 8 月北京第 1 次印刷
定价：68.00 元
ISBN 978－7－5223－1647－5
（图书出现印装问题，本社负责调换，电话：010－88190548）
本社质量投诉电话：010－88190744
打击盗版举报热线：010－88191661　QQ：2242791300

PREFACE 序

2021年3月6日，习近平总书记在看望参加政协会议的医药卫生界教育界委员时强调，要把保障人民健康放在优先发展的战略位置，坚持基本医疗卫生事业的公益性，聚焦影响人民健康的重大疾病和主要问题，加快实施健康中国行动，织牢国家公共卫生防护网，推动公立医院高质量发展，为人民提供全方位全周期健康服务。如果说，健康中国建设是一个全国性的重大战略问题的话，那么深度贫困地区更是在这一问题上是一个短板。由于特殊的自然、经济、社会环境，深度贫困地区农村居民的健康水平普遍低于全国平均水平，极易遭受健康风险冲击，陷入贫困境地。在这样的一个大背景下，陶娅博士选择了深度贫困地区的农村居民健康投资这一博士论文选题，毫无疑问具有重要理论和实践意义。

在我16年的博士生导师生涯中，我一直倡导“三维聚焦”的研究方法。陶娅博士是领悟和贯彻都比较到位的。所谓“焦”是指研究对象，即要求作者必须充分占有资料，在数据和事实的基础上，进行数据整理分析。本书选取内蒙古东部的兴安盟、西部的乌兰察布市、中东部的赤峰市等三个深度贫困地区作为研究区域，利用其中九个旗县529个农户的实地调研数据，剖析了内蒙古深度贫困地区农户健康投资行为的现状及原因。从本书附录中的86个表格看得出作者在夯实资料方面下了多么大的功夫！

在三个维度中，第一个维度是理论维。陶娅博士秉承马克思《“黑格尔法哲学批判”导言》的一句名言，即从理论和思想上深入探究真理。马克思指出：“理论要求是否能够直接成为实践要求呢？光是思想竭力体现为现实是不够的，现实本身应当力求趋向思想。”该书运用了贫困相关理论、农户行为理论、健康需求理论、计划行为理论等，进行了系统深刻的理论梳理，构建了农户健康投资行为对贫困影响的理论分析框架。

第二个维度为方法维。本书借鉴Andersen健康行为经典模型的理论框架，结合内蒙古深度贫困地区农户的调研数据，同时充分考虑了中国传统伦理文化中的以家庭为本位，将目前的居住现状和代际支持加入解释变量，从前倾因素、使能因素、需求因素三个维度展开分析。以计划行为理论为分析框架，运用双变量 Probit 模型，定量研究了内蒙古深度贫困地区农户长期健康投资意愿和行为的影响因素。将农户的短期健康投资行为和长期健康投资行为纳入同一分析框架，运用二元 Logit 回归模型，进行了系统的实证研究。研究认为，内蒙古深度贫困地区农户的短期健康投资行为能够对贫困产生影响，有就医行为的农户家庭更容易陷入贫困；长期健康投资行为中，合理搭配饮食、参与体检行为、吸烟行为和喝酒行为会影响贫困，有合理搭配饮食行为、参与体检行为的农户家庭比较重视健康投资，健康状况较好，不易陷入贫困；有吸烟和喝酒行为的农户家庭，贫困概率增加，更易陷入贫困。运用二元 Logistic 回归模型对农户短期健康投资行为的影响因素进行了分析，通过双变量 Probit 模型研究了农户长期健康投资意愿和行为的关系，利用二元 Logistic 回归模型探究了农户短期健康投资行为及长期健康投资行为和贫困的相关性，并结合工具变量法进行了稳健性检验。

第三个维度谓之对比参考物。没有对比就没有鉴别。作者将本书的研究对象与全国平均水平进行了多角度对比，得出了令人信服的结论。从贫困人口总量及收入的角度分析了内蒙古自治区农村牧区的贫困现状，重点阐述了内蒙古深度贫困地区和旗县的分布，并从人均可支配收入、贫困发生率、自然资源、气候条件、农业人口等七个方面分析了其深度贫困的特征，以 529 份深度贫困农户的调研样本作为数据库，其中包括 328 份因病致贫农户和 201 份非贫困农户，对内蒙古深度贫困地区因病致贫农户的总体数量、患病情况（患病类型）、因病致贫原因进行了统计分析，内蒙古深度贫困地区因病致贫比率大都在 50% 以上，超过了全国的平均水平；患病类型中长期慢性病的比重最高，大病重病的比例其次。因病致贫的原因中因病丧失劳动力和自付医疗费用过高都选择的占比最高，不同地区的比重有所不同。用内蒙古 2012—2018 年的农村居民人均医疗保健支出数据作为健康投资水平的替代变量，进行纵向比较，并和全国的同期水平作对比。

在“三维聚焦”的基础上，作者提出了高质量破解深度贫困、提升农村公共健康投资水平、加强政策宣传、构建全方位的健康贫困治理体系等政策建议，为深度贫困地区精准扶贫政策的完善提供理论依据和决策参考。我深信，这一专著——《农户的健康投资行为及其对贫困的影响研究——基于内蒙古深度贫困地区的调研数据》的付梓出版，于健康中国和乡村振兴这些重大战略的实施都将是大有裨益的。

盖志毅
（内蒙古农业大学经济管理学院2级教授、
博士生导师/内蒙古政协委员、
内蒙古政协农牧委员会副主任）

PREFACE 前言

健康作为人力资本最重要的组成部分，是人类获得财富、享受生活、追求自由的基本条件，是家庭乃至整个社会良性运行的重要保障。随着中国经济的快速发展和医疗保障制度的不断完善，我国居民的健康水平有了大幅度的提高，但是深度贫困地区由于特殊的自然、经济、社会环境，其农村居民的健康水平普遍低于全国平均水平，极易遭受健康风险冲击，陷入贫困境地。在全面建成小康社会的目标和“健康中国战略”的建设要求下，由健康不佳而导致的贫困现象应该成为健康保障发展和贫困综合治理领域亟须关注的问题。

健康投资对农民的人力资本积累具有重要意义，是对劳动力的健康恢复、修复、维持和提升的一种投资。健康投资作为维护及提升健康水平的有力工具，对于改善深度贫困地区农村居民的健康状况，有效防止因病致贫等有着重要的意义。目前深度贫困地区的农村居民虽然健康投资水平有所上升，但仍然偏重于以医疗为主的短期健康投资行为，而以预防保健为主的长期健康投资行为较为缺乏，重医疗、轻预防的现象非常普遍。因此系统研究深度贫困地区农户的健康投资行为及其对贫困的影响，对完善深度贫困地区公共健康投资政策、引导农户进行科学的健康投资行为、提升农户可持续生计能力有着重要作用。

本书梳理了国内外有关健康投资方面的研究成果，基于贫困相关理论、农户行为理论、健康需求理论、计划行为理论等，选取内蒙古东部的兴安盟、西部的乌兰察布市、中东部的赤峰市等三个深度贫困地区作为研究区域，利用其中 9 个旗县 529 个农户的实地调研数据，剖析了内蒙古深度贫困地区农户健康投资行为的现状及原因，构建了农户健康投资行为对贫困影响的理论分析框架。在此基础上，运用二元 Logistic 回归模型对农户短期健康投资行为的影响因素进行分析，通过双变量 Probit 模型研究了农户长期健康投资意愿和行为之间的关系，利用二元 Logistic 回归模型探究了农户短期健康投资行为、长期健康投资行为和贫困的相关性，并结合工具变量法进行了稳健性检验。最后，提出高质量破解深度贫困、提升农村公共健康投资水平、加强政策宣传、构建全方位的健康贫困治理体系等政策建议，旨在为深度贫困地区精准扶贫政策的完善提供理论依据和决策参考。

本书创新性工作及形成的主要研究结论如下：

第一，本书在研究视角上更多关注了内蒙古深度贫困地区农户的行为，通过文献研究法和调查研究法，对农户在遭遇健康风险冲击前后的健康投资行为进行了具体的分析。目前的状况是农户偏重于短期健康投资行为，较为缺乏以预防为主的长期健康投资行为，以吸烟、喝酒为主的负向健康投资行为较为普遍。值得注意的是，内蒙古农户的健康投资水平总量呈增长趋势，是真正由医疗保健购买量增加所引致的健康投资的增加量，而非医疗保健价格水平的上升所引起的。

第二，借鉴 Andersen 健康行为经典模型的理论框架，结合内蒙古深度贫困地区农户的调研数据，同时充分考虑了中国传统伦理文化中的以家庭为本位，将目前的居住现状和代际支持加入解释变量，从前倾因素、使能因素、需求因素三个维度展开分析。结果表明，使能因素、需求因素与短期健康投资行为显著相关，其中使能因素中的 5 个变量是呈显著正相关的，充分说明了使能因素对农户短期健康投资行为的影响程度是较大的。因此应关注深度贫困地区农户的健康需求，以及影响其就医行为可能性的因素。

第三，本书从微观层面对农户健康投资行为进行了界定和衡量，在一定程度上推进了健康投资的研究。以计划行为理论为分析框架，运用双变量 Probit 模型，定量研究了内蒙古深度贫困地区农户长期健康投资意愿和行为的影响因素，得出如下结论：农户长期健康投资意愿和行为是具有相关性的，在个人特征、家庭特征、社会资本、认知特征四类控制变量的影响因素分析中，年龄、受教育程度、家庭劳动力人数、家庭年收入等控制变量均会影响农户的长期健康投资意愿和行为。但是在分析中也发现，内蒙古深度贫困地区农户的长期健康投资意愿和行为存在不一致、相背离的现象，高意愿伴随着低行为。

第四，将农户的短期健康投资行为和长期健康投资行为纳入同一分析框架，运用二元 Logit 回归模型，进行了系统的实证研究。研究认为，内蒙古深度贫困地区农户的短期健康投资行为能够对贫困产生影响，有就医行为的农户家庭更容易陷入贫困；长期健康投资行为中，合理搭配饮食、参与体检行为、吸烟行为和喝酒行为会影响贫困，有合理搭配饮食行为、参与体检行为的农户家庭比较重视健康投资，健康状况较好，不易陷入贫困；有吸烟和喝酒行为的农户家庭，贫困概率增加，更易陷入贫困。

CONTENTS 目录

第一章　绪论 …… 1
　第一节　研究背景 …… 1
　第二节　研究目的和研究意义 …… 3
　第三节　文献综述 …… 5
　第四节　研究内容和研究方法 …… 15
　第五节　研究思路 …… 17
　第六节　可能的创新之处 …… 18

第二章　相关概念与理论基础 …… 20
　第一节　相关概念 …… 20
　第二节　理论基础 …… 23
　本章小结 …… 37

第三章　农户健康投资行为影响贫困的理论分析 …… 38
　第一节　农户健康投资行为的形成机理 …… 38
　第二节　农户健康投资行为影响贫困的理论分析 …… 42
　本章小结 …… 48

第四章　内蒙古深度贫困地区农户健康投资行为现状分析 …… 50
　第一节　内蒙古深度贫困地区基本情况 …… 51
　第二节　深度贫困地区农户因病致贫情况分析 …… 57
　第三节　内蒙古深度贫困地区农户的健康投资行为现状分析 …… 58
　第四节　内蒙古深度贫困地区农户健康投资行为现状的原因分析 …… 73
　本章小结 …… 79

第五章　调研基本信息统计及农户健康投资意愿与行为分析 …… 80
第一节　数据来源与调查问卷内容 …… 81
第二节　农户短期健康投资行为的影响因素分析 …… 91
第三节　农户长期健康投资意愿和行为的影响因素分析 …… 100
本章小结 …… 112

第六章　农户短期健康投资行为对贫困的影响分析 …… 114
第一节　理论分析框架 …… 114
第二节　模型简介与设定 …… 117
第三节　变量说明与描述性统计 …… 118
第四节　农户短期健康投资行为对贫困影响的实证分析 …… 120
本章小结 …… 125

第七章　农户长期健康投资行为对贫困的影响分析 …… 126
第一节　理论分析框架 …… 126
第二节　模型简介与设定 …… 130
第三节　变量说明与描述性统计 …… 130
第四节　农户长期健康投资行为对贫困影响的实证分析 …… 133
本章小结 …… 148

第八章　研究结论与政策建议 …… 150
第一节　研究结论 …… 150
第二节　政策建议 …… 153
第三节　研究不足及未来展望 …… 161

参考文献 …… 164
附录 …… 182
致谢 …… 187

第一章 绪 论

第一节 研究背景

健康是促进人全面发展的必然要求，是经济社会发展的基础条件。70 多年前，世界卫生组织将健康定义为“不仅仅是没有疾病或体质强健，还包括生理和心理的健康，以及社会的福祉和完美状态”（WHO，1946）[1]。随着人类社会的不断发展与进步，人们给健康赋予了更深层次的内涵。著名经济学家阿玛蒂亚·森将健康看作是“一种重要的人类可行能力”以及“一种非常基本的自由”（Sen，2002）[2]，联合国发展署（UNDP）认为长寿且健康的生活是人类发展的首要目标之一（UNDP，1990）[3]。健康具有深刻的内在价值和工具性价值（王曲等，2005）[4]，应该成为评估经济和社会发展的一个非常重要的维度。

新中国成立特别是改革开放以来，我国人民的健康水平不断提高。同时，也面临着工业化、城镇化、人口老龄化以及疾病谱、生态环境、生活方式不断变化等带来的新挑战。我国为提高人民健康水平，推进健康中国建设，于 2016 年出台了《“健康中国”2030 规划纲要》，标志着我国正式进入了健康中国建设的新阶段。大量研究证实健康能够提高劳动生产率、增加人们可工作的时间、缓解收入不平等和贫困状况（Grossman，1972；Mushkin，1962）[5,6]。正如古希腊思想家赫拉克利特所说：“如果没有健康，智慧就无法表露，才华就无法施展，力量就无法战斗，知识就无法利用。”健康的重要性毋庸置疑。但是健康问题具有复杂多变、影响持久、可知性和可预见性较弱、容易出现反复等特点，尤其是其导致的贫困很难做到一次性消除或者在短时间内就有立竿见影的效果①。改革开放40多年来，随着经济的迅猛增长，中国的贫困人口数量大幅下降，扶贫政策从宏观区域扶贫逐渐过渡到微观精准扶贫，农村贫困发生率由1978年的97.5%下降至2018年末的1.7%，贫困人口数量从1978年底的7.7亿人下降到2018年底的1660万人，累计减贫7.5亿人，脱贫攻坚成效卓著，扶贫成就举世瞩目②。然而脱贫攻坚任务依然艰巨，尤其是深度贫困地区，贫困持续时间长、致贫原因极其复杂且相互交织，具有区域性特征，面对的贫困对象大多是“老病残”等特殊群体，贫困程度深、减贫成本高、脱贫难度大③，其中因病致贫、因病返贫的比例均在42%以上。在各种致贫原因中，因病致贫在各地区都排在最前面。患病的农村贫困人口中，年龄分布在15—59岁，占农村贫困人口的40%以上，基本上都是所在家庭的主要劳动力，医疗费用的大额支出和收入能力的丧失使整个家庭陷入贫病交加的境地。健康风险冲击成为大多数农户陷入贫困的主要原因（王文略等，2015）[7]。

据原国家卫生和计划生育委员会统计信息中心发布的《2013年第五次国家卫生服务调查分析报告》，我国农村低收入人口两周患病率由2008年的22.0%升高到2013年的26.2%，慢性病患病率则由18.5%升高到30.4%，近年还有增长的趋势。有研究指出，我国因病致贫人口的患病情况中，患慢性病比重最高，危重病次之，地方病和意外伤害比重较低（汪辉平等，2016）[8]。慢性病和危重病由于发病率高、治疗费用高，是因病致贫和返贫的主要原因。虽然新农合制度等医疗保障措施总体上缓解了因病致贫现象（徐润龙等，2009）[9]，改善了农民的福利状况，但是为什么因病致贫比率仍然居高不下？农民一旦遭遇健康风险冲击，就会由于医疗费用的大额支出和劳动力的丧失而陷入贫困境地。由此可见，单纯依靠事后的医疗保障对健康水平的改善和贫困的减少的作用有限，应该从事前有效避免或控制健康风险对人们身体状况的冲击方面着手。《黄帝内经》中的“上医治未病，中医治欲病，下医治已病”的治未病思想和Thewlis与Peters的“一盎司预防胜过一英镑治疗”的疾病预防经济性观点（Thewlis，M. W. & Peters，1939）[10]，都

---

① 人口报：“家庭经济视角下健康扶贫的微观策略”，2019年10月14日。

② 国家统计局网站：“改革开放40年经济社会发展成就系列报告之一”，http://www.stats.gov.cn/ztjc/ztfx/ggkf40n/201808/t20180827_1619235.html，2018年8月27日。

③ 新华网：《中共中央 国务院关于打赢脱贫攻坚战三年行动的指导意见》，2018年8月19日。

强调了疾病风险防治的重要性和经济价值。鉴于目前农村因病致贫居民大多依赖事后医疗措施，即因病就医行为较多，而长期健康投资行为即预防保健行为较为缺乏，本书在厘清相关概念及整理分析文献的基础上，以相关理论为指导，系统研究农户健康投资行为的形成过程，以及健康投资行为对农户贫困的影响。最后，基于实证研究结论提出完善贫困地区公共卫生政策、引导农户进行科学的健康投资行为、促进农户收入能力提升的具体政策建议。

第二节 研究目的和研究意义

一、研究目的

脱贫攻坚的决胜之年已经到来，深度贫困地区的脱贫关系着是否能够攻克贫困堡垒。内蒙古深度贫困地区致贫成因复杂，贫困程度较深，尤其是因病致贫比率较高。健康风险冲击是我国大多数农户陷入贫困的关键致因，如何有效预防健康风险冲击的发生、降低农户陷入贫困的概率则是值得我们认真思考并进行深入研究的。除了国家宏观政策的支持、推动之外，农户的行为选择也直接关系到其福利水平和国家政策的执行效果。本书正是在这一研究背景下，基于内蒙古深度贫困地区农户健康投资行为现状、农户因病致贫状况的现实观察与描述性统计，实证分析农户短期和长期健康投资行为对贫困的影响，进而为完善和改进农村地区公共卫生政策、有效破解深度贫困、提高农户生计能力提供参考依据。具体研究目的如下：

其一，根据现有理论基础，运用实地调研数据和宏观数据，了解并总结内蒙古深度贫困地区农户的短期和长期健康投资行为现状，并剖析形成的原因。

其二，通过梳理国内外文献，基于理论分析与实践观察界定农户的健康投资行为，在此基础上，探究其影响因素，并验证农户的长期健康投资意愿和行为是否一致并相关，具体分析方法为二元 Logit 回归模型及双变量 Probit 回归模型。

其三，从理论层面解构农户健康投资行为发生机理及其对贫困的作用过程，基于内蒙古深度贫困地区 529 个农户样本的数据分析并验证，农户短期和长期健康投资行为是否对贫困产生影响，具体分析方法为二元 Logit 回归模型。

其四，基于以上研究，提出破解深度贫困、提升农村公共健康投资水平、引导农户实施良好的健康投资行为等具体政策建议。

二、研究意义

（一）理论意义

1. 基于健康需求理论、农户行为理论、计划行为理论构建农户健康投资行为的理论模型，在分析农户因病致贫和健康投资行为现状的基础上，将农户短期健康投资行为和长期健康投资行为纳入一个完整的分析框架，初步实现了农户健康投资行为的系统性研究，有助于丰富和完善农户健康投资行为的理论体系。

2. 基于农户的贫困内涵，从行为科学、健康需求等角度阐释了深度贫困地区农户健康投资行为的形成过程，以及健康投资行为与农户贫困的内在机制，从而提高人们对健康投资行为的研究关注度，拓展了农户健康投资行为的研究视野。

（二）现实意义

1. 通过农户健康投资行为影响贫困的机制分析和实证研究结论，引起全社会对健康投资行为研究的关注度，有效预防健康风险冲击的发生、降低农户陷入贫困的概率，并为制定合理的公共卫生及社会保障政策、减少农村地区健康不平等程度、保护农户的健康权利、引导深度贫困地区农户健康投资行为提供借鉴和参考依据。

2. 依据深度贫困地区农户的贫困特征以及健康投资行为的现状，深入挖掘应对健康风险冲击的长效机制，找出改善深度贫困地区农户依赖事后医疗现状、提高农户收入水平和可行能力的新举措，进而为引导深度贫困地区农户实现脱贫目标指明方向。

第三节　文献综述

在对相关文献进行阅读、选择、比较、分析和综合的基础上，本书从健康风险冲击、健康投资行为、健康投资行为对贫困的影响三个方面进行梳理和综述。本书的主要研究对象是因病致贫的农户，对健康风险冲击定义和衡量的综述有利于研究对象的筛选和确定，可以帮助我们界定农户的健康投资行为变量。健康投资行为的相关研究综述包括了健康投资行为的涵义、分类以及衡量指标，对涵义和分类的综述有利于后续健康投资行为概念的界定，对衡量指标的综述能够帮助我们科学、合理地确定健康投资行为的内容。梳理健康投资行为对贫困影响的相关文献，有利于我们较为准确地把握健康投资行为和贫困之间的逻辑关系，为后面的实证章节奠定基础。

一、关于健康风险冲击的定义及衡量的研究

健康风险冲击通常是和健康风险绑定在一起的。学者们对健康风险的认识通常是从风险的角度出发，而直接给出健康风险定义的文献并不多。总结来看，大多学者认为健康风险是疾病等导致的福利损失（刘祚祥，2008）[11]，或者是各种致病及导致损失的可能性（魏峰等，2013）[12]，更加强调健康需求因素中具有消极意义或负面影响的内外部不确定因素（靖丽霞，2013）[13]。研究者一般关注这些不确定因素带来的健康损失。不确定因素即健康风险的来源是多方面的，经过归纳，将其来源总结如下：一类是传统意义上的风险性环境，即人们生活和生存的外部环境，包括自然风险（气候变化、自然灾害）、家庭风险、社会风险、自身风险（徐小言等，2016）[14]。其中人们关注点集中在环境导致的健康风险。学者们通常运用健康风险评价（HRA）的四段法，即危害鉴定、剂量—反应评估、暴露评估、风险表征，对 PM2.5、多环芳烃、砷、铅、饮用水以及蔬菜、土壤、地下水重金属等进行健康风险的评价与评估。另一类是人自身所具有的健康禀赋，包括家族遗传病或先天性疾病、人口老龄化两种（徐小言等，2016；靖丽霞，2013）[14,13]。健康风

险的来源范围如此之广，对处于深度贫困地区的农户来说，将更容易遭受到健康风险的冲击。

健康风险冲击主要是指对农户产生的负外部冲击，即某一个家庭成员的健康状况从“非常好”变为“一般”或“较差”，这种向下跳跃两到三个等级的健康状况变化被视为健康风险冲击。在研究贫困与不平等以及衡量农户是否存在健康风险冲击时，通常较多采用自评健康或者设定一系列的问题来刻画（Islam，2012）[15]。已有的研究通常用大病冲击来衡量，具体指标有：健康自评、健康（赋权）得分、因病损失的工作时间、工作受限程度、住院治疗的天数、家庭医疗支出的异常增长等（张车伟，2003；魏众，2004；Wagstaff，2007；冯黎，2009；高梦滔等，2005；罗楚亮，2006；JingZhang等，2014）[16-22]。健康风险冲击会导致患病者丧失劳动能力，损失劳动时间，挤占生产投资的费用，甚至会影响到子女的教育投资，从而损害家庭的创收能力而陷入长期贫困（高梦滔等，2006）[23]。从健康作为人力资本的角度考察，已有研究对于营养的关注远胜于对健康风险冲击的关注（Foster，1995）[24]，原因在于直接估计健康风险冲击对收入的影响较为困难，表现在很难长期跟踪获得数据，以及健康与疾病的双向因果关系会导致哪些非观测异质性问题（高梦滔等，2006）[23]。

二、健康投资行为的相关研究综述

鉴于当前直接研究健康投资行为的文献不多，且都是包含在健康投资的相关文献当中，因此本书主要通过健康投资的研究从中归纳总结健康投资行为的研究现状。借助知识网络分析工具 CiteSpace（版本为 5.3. R4）对健康投资的相关文献进行统计，可得到健康投资的共现关键词聚类图谱，如图 1-1 所示。图中的节点和连接线说明了关键词出现的次数和连接能力。健康投资的节点最大，说明其出现的次数最多；周围的连接线最密集，说明其在整个文献中的重要影响力。

通过对健康投资高频次关键词的分析，我们可以总结出健康投资研究的热点，主题包括：健康投资对经济增长的影响（王弟海等，2019；吕国营等，2019）[25,26]，多集中于宏观层面；健康人力资本的研究（邓力源等，2019）[27]，多集中于对健康存量水平的关注；健康投资形式的研究（叶春辉等，2008；

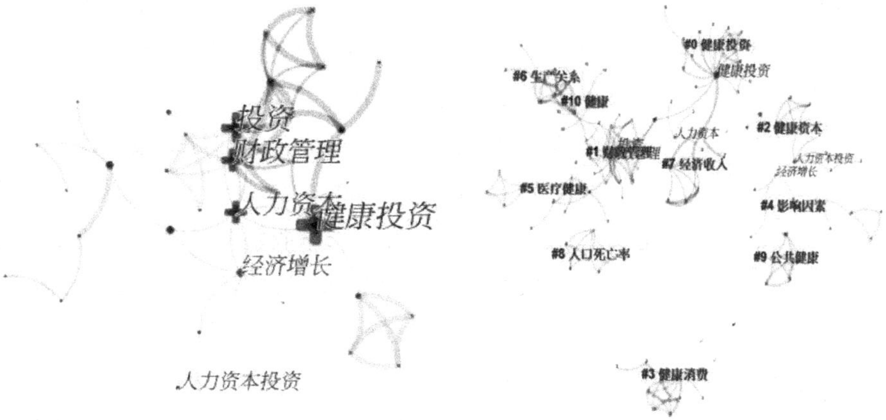

图 1-1 健康投资关键词聚类图谱

Eichner，1998；Harris et al.，2018）[28]-[30]，多集中于健康需求、医疗消费等内容。前两个热点主题都是以公共健康投资或人们总体的健康水平作为研究内容的，第三个热点主题更多是聚焦于个人或家庭的健康投资水平和健康投资行为，比如居民的医疗消费水平、就医行为决策等，以及健康投资的非医疗行为，比如“体育锻炼”就出现了较高的频次。为了契合研究主题，本书对健康投资行为的涵义、分类以及衡量指标进行文献的梳理和综述。

（一）健康投资行为的涵义和分类

健康投资行为是健康投资的具体化，是在健康投资过程中表现出来的生活态度及具体的生活方式，是在一定的物质条件下，不同的个人或群体，在社会文化制度、个人价值观念的影响下，在健康投资中表现出来的基本特征，或对内外环境因素刺激所做出的能动反应。从经济学的角度来讲，健康投资行为侧重于投资带来的收益，根据成本收益理论，多投资则多收益。

对健康投资的研究最早源于人力资本理论，加里·S. 贝克尔（Gary·S. Becker）作为人力资本理论的奠基者之一，从家庭和个人的角度出发，认为健康投资是人力资本投资的一部分，用于卫生保健等实际活动的支出能影响未来的收益。Mushkin（1962）[6]最早对健康投资进行了论述。在《健康作为一种投资》（*Health as an investment*）一文中，他对健康和教育投资的异同进行了阐述，认为卫生服务，部分是投资，部分是消费，比如治疗疾病的开支中多少是消费支出，多少是对生产者的投资，区分出这两个要素很困难。

Mushkin 虽然没有明确告诉我们健康投资是什么，但在文章中提到了治疗疾病的支出、医疗卫生服务的利用都有利于健康；促进健康的机会还包括食物、住房、娱乐、服装，此外还应将安全供水也纳入卫生投资之中。通过对预防卫生服务的购买以及治疗性健康服务的利用可以改善人们的健康状况，提高经济的生产力。维克托·富克斯（Victor R. Fuchs，1966）[31]在健康经济学领域做出了杰出贡献，他认为任何一种可以带来未来收益的行为都是投资。某些行为在作为投资的同时也确实会带有消费的成分，即满足了现实的需求，比如健康投资中的年度体检、锻炼活动等多种行为都要求现实的支出，并在将来对健康产生有益的影响。Grossman（1972、2000）[5,32]提出了基于人力资本理论的健康投资模型，构建了分析健康投资的理论框架。他认为健康投资不仅仅是简单的购买医疗服务，还应该是一种人力资本的积累。Grossman 从生命周期效用的角度，提出了健康存量和健康流量的概念，健康存量会随着年龄的增长产生折旧而减少，想要保持一定的健康水平就需要通过不断进行健康投资行为来增加或补充健康存量。他认为消费者从市场上购买医疗服务、消费其他商品组合以及投入一定的时间，都可以看作是对健康的投资，只不过在其基本模型中更加强调医疗保健的投资功能。Becker（1965）[33]也曾这样描述，消费者只有从市场上购买各种物品，并结合自己的时间，才能生产出可获得效用的健康。

从权威专家对健康投资的经典论述可以看出，健康投资是人力资本投资中最基本的投资，同时具备投资和消费的属性，因而健康投资行为既是投资行为也是消费行为（孙晓燕等，2006）[34]。健康投资行为不仅包括医疗卫生服务的利用和消费行为，还有参与体检、体育锻炼、搭配饮食等非医疗行为。他们比较一致地认为，健康投资行为可以有利于健康水平的提高。上述这些典范性、权威性的论点为我们后续的研究指明了方向，提供了可借鉴的参考依据。

在对健康投资性质和内涵深刻理解的基础上，国内外学者们提出了健康投资的具体涵义，详见表 1－1。

通过归纳总结，本书将健康投资具体涵义的研究角度概括为微观和宏观两个角度。从表 1－1 中微观角度的描述可以得知，此处的健康投资即为“健康投资行为”，两者的涵义是一致的。主要强调了个人和家庭作为健康投资行为的实施主体，为了恢复、维持、改善、提高健康水平，对医疗和非医疗行

表 1-1 健康投资的具体涵义

研究角度	具体涵义	代表作者
微观角度	健康投资是通过对患病者的医治和健康者的预防保健措施来减轻或避免疾病对家庭或个人的侵袭，以维持其劳动能力的一种投资。	闫淑敏等（2002）[35]、孙颖（2008）[36]、韦艳等（2017）[37]
	从微观层面，健康投资主要指个人和家庭为增进自身健康水平而投入的时间、物力和财力。	Fuchs（2000）[38]
	健康投资指饮食营养和个人生活习惯等货币或非货币形式方面的投资，包括营养投资、维持生活方式和改善生活环境的投资、医疗卫生保健支出的投资，还包括人们是否参加医疗保障制度、是否进行保健投资以及患病时是否产生就医行为。	孙颖（2009）[39]、谢健（2014）[40]、刘畅（2018）[41]
	健康投资是指健康生活方式和生活习惯。	郝枫等（2020）[42]、Eibich（2015）[43]、Hiroyuki Motegi et al（2020）[44]
宏观角度	为了防治疾病，恢复和发展人们最基本、最普遍的社会活动能力、劳动生产能力而消耗的人力、财力和物力等卫生资源。	Henderson（2008）[45]、浦科学（2013）[46]
	从预防与治疗疾病的角度将健康投资定义为，维持和增加人们最基本社会活动能力、劳动生产能力，恢复和提高居民健康水平，整个社会投入的全部经济资源。	蒋娟（2008）[47]、赵国宝（2014）[48]
	从宏观层面，健康投资是指社会在一定时期内为提高人民健康而投入的人力、物力和财力。	Fuchs（2000）[38]
	健康投资就是为了恢复和发展人群健康而消耗的经济资源，包括为达到和维持健康状态而需要付出的资金、时间、精力等，甚至是长期不懈贯彻执行的毅力和决心。	郑大喜（2006）[49]

注：作者根据相关资料整理。

为的选择。医疗行为主要包括是否会利用医疗卫生服务及利用的程度，非医疗行为主要包括一些预防保健措施的实施，以及日常的生活方式和生活习惯。健康投资行为的涵义从早期对疾病的治疗逐渐扩展到对疾病的预防和发现、对健康的促进和维持。在健康投资宏观的研究角度中，基于现有文献，学者们强调整个社会为了恢复和提高居民健康水平而消耗的医疗卫生资源或投入的全部经济资源，即通常意义上的公共健康投资，比如国家财政投资于公共卫生项目等，作用在于增进和提高人民的健康水平，降低公共健康风险，类似国防一样具有明显的外部性，故而毫无争议地被视为纯公共产品（Stiglitz，1988）[50]。

通过整理相关文献，本书将健康投资的分类归纳总结为表 1-2。

表 1-2　　健康投资的分类

划分标准	研究内容	代表作者
投资主体	私人健康投资：家庭营养保健支出、医疗的私人支出部分、居住环境改善以及一切维护健康的私人投资部分。	李佳（2015）[51]、吕娜等（2015）[52]、封岩等（2016）[53]
	公共健康投资：主要指公共医疗卫生设施建设和完善、公共卫生环境建设和维护、医疗工作者的薪酬支付以及居民医疗补贴等政府支出部分，广义上还包括政府为私人医疗和健康投资提供的相关基础设施环境。	
投资时间	短期健康投资：主要体现在因病就医上，即发现健康受到损害以后，就采取相关医疗措施使健康得到恢复。	高其法（2013）[54]、程虹等（2018）[55]
	长期健康投资：主要体现在疾病预防上，采取相关预防措施使健康不受到损害。	
投资范围	狭义健康投资：主要指为预防和治疗疾病、恢复人体健康而支出的费用，即医疗卫生费用。	闫淑敏等（2002）[56]、赵国宝（2014）[48]、顾雪兰等（2017）[57]
	广义健康投资：指整个社会为预防与治疗疾病，维持和增加人们最基本的社会活动能力、劳动生产能力，以及恢复和提高居民健康水平而投入的全部经济资源。	郑大喜（2006）[49]、陈洪波等（2007）[58]

注：作者根据相关资料整理。

从投资主体的角度来看，健康投资可分为私人健康投资和公共健康投资，这和上述健康投资具体涵义的研究角度是基本一致的。从投资范围看，健康投资分为狭义健康投资和广义健康投资，狭义健康投资仅限于消耗的医疗卫生资源，而广义健康投资则强调整个经济资源。还有学者按照投资时间将健康投资划分为短期健康投资和长期健康投资，即因病就医与预防保健，侧重于对长短期健康效果的追求。在健康投资的分类中，私人健康投资、短期健康投资和长期健康投资是健康投资的具体化，可以对应上述健康投资具体涵义的微观角度，蕴含了健康投资行为的内容，尤其是短期健康投资和长期健康投资，更加体现了健康投资行为的投资收益表现出来的时间特征。通过短期健康投资行为即因病就医行为可以短时间内减轻或消除疾病的痛苦，通过长期健康投资行为即预防保健行为可以提高健康存量，改善和提升身体的健康水平，从而延长人力资本发挥作用的时间。

（二）健康投资行为的衡量指标

依据相关文献，健康投资行为涵盖了健康投资的货币支出以及非货币形式的投资（包括投资的时间和各种行为的选择）。这就决定了健康投资行为的衡量指标也包括健康投资水平和具体的健康投资行为。

健康投资最初是被包含在人力资本投资中进行研究的，它和教育投资、劳动力迁移投资一起构成人力资本投资的主要内容。Kuznets（1961）[59]、Schultz（1961，1990）[60,61]、Becker（1964）[62]等学者在对人力资本投资进行阐述时，都将医疗保健作为人力资本投资的一种类型①，Grossman（1972）[5]的健康需求模型中也假定健康投资主要是医疗保健的投入。因此人们将医疗保健方面用于增加健康存量的投资视为健康投资（彭皓玥，2006）[63]。相关文献大多用《统计年鉴》或《卫生统计年鉴》中的医疗保健支出及健康险保费数据代替健康投资（顾雪兰等，2017；张姝等，2019）[57,64]，如果研究对象是农户家庭，即用农村住户居民家庭人均消费支出中的医疗保健支出来反映（樊桦，2001；平新桥，2003；黄乾，2005；郭志仪等，2007；解垩，2008；李宪印等，2009；张娜等，2017）[65]-[71]。除了使用《统计年鉴》中的医疗保健支出数据外，还有学者如丁士军等（2010）[72]、梁海兵等（2014）[73]、吕娜等（2015）[52]运用数据库中的大样本数据或农户调研数据，选用医疗保健支出对健康投资水平进行衡量。或许因为数据的可获得性，医疗保健支出一直都是衡量健康投资水平最主要的指标之一。在农户就医行为及医疗支出的相关研究中，是否就医（叶春辉等，2008；高梦滔等，2004；林相森、舒元，2007）[28,74-75]、就医单位选择（王翌秋，2008）[76]、门诊和住院费用水平（宋璐等，2010）[77]等是人们研究的重点。总体上是将农村居民的医疗消费行为分为“是否参与医疗消费”和“医疗消费水平的决定”两个层次进行研究。

随着人们对健康内涵的理解越来越宽泛和深刻，对健康投资的衡量指标也越来越多样化，逐渐从健康投资水平的衡量扩展到健康投资具体行为的衡

① Kuznets（1961）：“资本及资本构成的概念应当扩展到包括对健康、教育和人员自身培训的投资，即对人力资源的投资。”Schultz（1961）认为：人力资本投资包括医疗和保健、在职人员培训、正规学校教育、不是由企业组织的学习项目和迁移五类；Becker（1964）认为：人力资本投资应包括“正规学校教育、在职培训、医疗保健、迁移及收集价格和收入的信息等多种形式”。

量。在指标的选取上，由于以预防为主的长期健康投资行为比以对症治疗为主的短期健康投资行为更重要，且行之有效（程虹等，2018）[55]，许多学者选取了长期健康投资行为指标，如是否体育锻炼（问延安，2016；赵亮等，2017；程虹等，2018）[78-79,55]、是否购买医疗保险（梁海兵等，2014；黄增健等，2018）[73,80]、是否坚持健康生活方式（高其法，2013）[54]等。周孝等（2015）[81]从两个维度衡量个人健康投资，包括综合性健康投资，即根据饮食习惯、医疗服务利用、不良嗜好、健身活动偏好综合测评分数，以及单一性健康投资，即每年缴纳的医疗保险金。韦艳等（2017）[37]将健康投资分为四个维度，即经济维度的健康投资费用占家庭总收入比重、理念维度的搭配饮食、行动维度的锻炼身体、科学维度的检查身体。国外对健康投资行为的研究较为深入和细致，选取的健康投资行为指标多与健康行为有关，比如锻炼、吸烟、酗酒、超重或肥胖等以及戒烟行为。研究角度多样化，例如，研究个人风险偏好与健康相关行为之间的关系时，发现风险厌恶与吸烟、酗酒、超重或肥胖等显著负相关（Lisa R et al.，2008）[82]；还有研究国家投资如何挤出或加强健康方面的自我投资，以被诊断为心血管疾病的个体作为研究样本，分析其戒烟行为，研究发现，为患有心血管疾病的人开降脂药可使戒烟率提高20—28个百分点（Eleonora Fichera et al.，2011）[83]。Hiroyuki Motegi et al.（2020）[44]通过对七个发达国家的人口退休后健康投资行为的变化进行了大规模的跨国研究，发现即使仔细考虑了基准退休年龄的差异，老年人也不会统一改变其退休的健康投资行为，文中的健康投资行为用酒精消耗、吸烟和体育运动衡量。

健康投资行为的衡量指标虽然很多，但从现有的研究成果来看，主要集中于医疗消费本身，尤其是特别关注个人和家庭的医疗消费行为。研究中所考察的相关健康投资变量更多的是生病后是否有医疗支出以及医疗支出的水平，而不是影响是否会生病或者如何降低生病的概率这一过程（叶春辉等，2008）[28]。从预防的角度设定变量来衡量健康投资行为的文献也仅仅是单一指标，因此还有进一步研究的空间。

三、健康投资行为对农户贫困的影响

从目前的文献来看，大多将健康投资纳入人力资本投资的研究当中。农户作为农村人力资本投资的主体之一，其投资行为决定了农村人力资本投资的规模和结构，进而会对农村社会经济发展产生深远影响。已有关于农户人力资本投资的研究主要集中在对农民收入的影响以及对经济增长的影响方面。鉴于本书的研究主题，仅对影响农户收入及贫困的相关文献进行梳理。

早期对健康投资的理论分析框架认为，健康投资的收益体现为工资率的提高（Becker，1962；Ben－Porath，1967）[84,85]，这一点与教育的作用是类似的，主要是通过提高劳动生产率促进增长。Grossman（1972）[5]对个体健康投资的理论进行了奠基性的研究，他认为健康作为投资品，健康资本增加可以有更多的可利用时间，从而得以更多地参与市场和非市场活动，带来更多的收入和非市场收益，因而可以增加效用水平。动态优化理论认为，健康投资具有人力资本价值（增加货币收入）及心理价值（主观满足感），并将心理价值设为人力资本函数。Chang（1996）[86]通过考察多重死因人群发现健康投资在延长寿命的同时能增加财富及相关福利。

（一）短期健康投资行为对农户贫困的影响

本书将短期健康投资行为界定为“就医行为”，即农户在遭遇健康风险冲击之后的就医行为。农户在遭遇健康风险冲击之后，出于对健康的渴望和风险的规避意愿，会寻求医疗的帮助，以缓解疾病的痛苦。从已有的研究来看，大多是从健康风险冲击的角度展开的。较为一致的结论是，健康或疾病是家庭陷入贫困的根源，是长期贫困的重要决定因素（洪秋妹等，2010）[87]，健康作为一种人力资本是可以避免农户陷入贫困陷阱的（Zon Van A et al.，2001；Hemmi N et al.，2007；王弟海，2012）[88－90]。健康风险冲击是通过影响劳动能力和劳动时间，进而影响短期收入、损害长期创收能力，最后导致农户家庭陷入长期贫困（张车伟（2003）、邹薇等（2013）、高梦滔、姚洋（2005、2006））[16,91,20,23]。通过对文献的研读，我们发现学者们在对健康风险冲击的衡量指标中体现了一些就医行为的因素，比如因病损失的工作时间、住院治疗的天数、家庭医疗支出的异常增长等（高梦滔等，2005；罗楚亮，2006；JingZhang et al.，2014）[20－22]。在农户就医行为的研究中，患者是否就医、就医机构的选择、治疗决策和就医花费等问题是考察的核心内容，尤其是集中于识别农户就医行为的影响因素，包括个人及家庭特征、经济状况以及医疗保险等变量，但是从就医行为本身的角度研究对贫困的影响还不多见，有待进一步深入研究。

（二）长期健康投资行为对农户贫困的影响

本书将长期健康投资行为界定为包括饮食搭配、体育锻炼、参加体检以及吸烟喝酒的行为。受经济发展水平的限制，人们对长期健康投资行为的研究还局限于初始阶段，并且由于长期健康投资行为数据较难获得，大多数学者是从人力资本投资的角度展开研究的。由于城乡二元分割体制的存在，农户的人力资本投资行为有其特殊性。在农民收入水平还较低的情况下，农户的健康投资行为主要是治疗疾病、预防死亡，保持正常的劳动生产率不下降，从而对收入产生正向影响（郭志仪等，2007）[68]。在贫困地区，健康投资绝大部分都是以疾病治疗这种事后投资行为体现出来，而以预防和保健为主的事先健康投资行为并不多（刘纯阳，2005）[92]。Strauss（1986）[93]、Foster & Rosenzweig（1992、1994）[94-95]、张车伟（2003）[16]的研究都证实了营养摄入和健康对劳动生产率和农民收入具有显著的促进作用，应该致力于投资营养和健康。对营养的摄入可以看作是一种长期健康投资行为，他们的研究从侧面反映了长期健康投资行为对收入的影响。也有研究发现，体育运动除了对健康以及生命质量具有长期积极的作用外，对工资收入也有影响。如果缺乏体育锻炼，还会增加住院天数和医疗服务的使用（徐程等，2012）[96]。从医学角度来讲，不良的生活方式，比如吸烟、酗酒等负向的长期健康投资行为，对健康状况会产生影响，进而影响到收入。Mokdad（2004）[97]的研究发现，在美国约有36%的死亡与不合理饮食、缺乏体育锻炼、吸烟、酗酒等危险行为有关。刘畅（2018）[41]认为，不良的生活方式会导致消费的负外部性增加，不同的健康路径对个体的健康状况和福利水平会产生不同的影响，应从新农合基本医疗转向以预防保健为主体的多元健康选择及其消费结构，这样才能有效地降低农民对医疗的过度依赖和健康总成本，对增加农民福利产生显著的影响。

现有文献的研究思路基本是：长期健康投资行为对健康状况产生影响，进而健康状况再影响收入，当收入下降到一定程度时，就会陷入贫困。但是鲜有文献直接研究长期健康投资行为对贫困的影响，这为我们的研究提供了一定的空间。

四、文献述评

在对健康风险冲击、健康投资行为相关研究、健康投资行为对贫困的影响三个方面的文献进行梳理的过程中，我们发现前人的研究成果颇为丰富，已经从不同的角度进行了较为深入的研究，具有重要的指导意义和参考价值。本书在前人研究的基础上，拟从以下几个方面延续研究。

从研究角度和研究选题来说，前人更侧重于研究健康风险冲击对收入及贫困的影响，并且偏重于研究农户遭遇健康风险冲击之后的就医行为，即以就医行为的决策过程为切入点，分析和讨论不同地区农户就医行为的影响因素，这方面的研究已较为成熟。同时，多数文献侧重于对农村医疗保障福利效应的研究，尤其对新农合的补偿模式、缓解贫困的效果等方面问题的分析较为常见。无论是就医行为，还是医疗保障的福利效应，前人的研究都是从农户遭遇健康风险冲击的事后角度展开的，而对事前预防的关注度不够，更是缺乏对事前的预防行为方面的研究。本书在认真学习和借鉴前人有益研究的基础上，尝试对农户的健康投资行为进行分析，并以长期健康投资行为为研究重点，剖析其对农户贫困的影响机制。

从研究内容来说，以往的文献缺乏对健康投资行为的形成机理分析，大部分研究都是直接研究农户的健康投资意愿，用投资意愿代替投资行为，并没有将健康投资意愿和行为纳入同一分析框架来研究两者的内在联系，因此健康投资行为的系统性研究还存在研究空间。本书将农户的健康投资意愿和行为纳入计划行为理论的分析框架中，研究其影响因素；同时将研究延伸到农户健康投资的行为后果，即对贫困的影响。

从研究层次来说，前人对健康投资的宏观研究较多，主要集中于健康投资对经济增长的影响，对健康投资的衡量也多用宏观的医疗保健支出数据，而对微观层面个体健康投资行为以及对贫困影响的研究尚不多见。本书立足于微观农户，依据农户行为理论，构建农户健康投资行为的衡量指标，具体分析其对贫困的影响效应。

第四节 研究内容和研究方法

一、研究内容

本书主要以农村经济学、健康经济学、社会学的研究理论和分析方法为依据，将内蒙古深度贫困地区的农户家庭作为研究对象，基于计划行为理论、健康需求理论、农户行为理论，从农户因病致贫的研究视角出发探究健康风险冲击前后农户健康投资意愿行为的影响因素、农户健康投资行为对贫困的影响等问题。具体而言，本书阐述了内蒙古农村牧区的贫困现状，从人均可支配收入、农业人口、自然环境、因病致贫比例等方面详细概括了内蒙古深度贫困旗县的贫困特征，对内蒙古深度贫困地区农户的短期健康投资行为和长期健康投资行为现状及原因进行了详尽的描述和分析；基于 Andersen 健康行为模型，通过二元 Logit 回归模型，对农户短期健康投资行为的影响因素进行了探究；基于计划行为理论，利用双变量 Probit 回归模型，对农户长期健康投资意愿和行为的影响因素展开分析；基于农户行为理论和健康需求理论，运用二元 Logit 回归模型，实证分析了农户短期健康投资行为和长期健康投资行为对贫困的影响，并通过工具变量进行了研究结论的稳健性检验。基于上述研究结论，提出引导农户健康投资行为、降低因病致贫的合理化政策建议。

二、研究方法

本书基于对国内外研究文献的有效梳理，运用规范分析和实证分析相结合的研究方法进行研究。主要的研究方法包括：

（一）文献研究法

通过整理和研读国内外健康投资的相关文献，了解健康投资行为的研究现状和进展，借鉴已有的研究成果和相关理论基础，构建农户健康投资行为对贫困影响效应的理论分析框架，为后续的实证分析提供相关的理论基础。

（二）调查研究法

本书选择内蒙古东部兴安盟、中东部赤峰市和西部乌兰察布市等贫困程度较深的地区作为研究区域，从中选取因病致贫农户和非贫困农户作为研究样本。基于计划行为理论设计反映农户家庭因病致贫和健康投资意愿及行为的调查问卷，通过入户调查、半结构式访谈等方式展开调研，从而获取深度贫困地区农户健康投资行为的微观调研数据。

（三）计量分析方法

1. 双变量 Probit 回归模型

本书运用计划行为理论中意愿和行为的分析框架，将农户长期健康投资意愿和长期健康投资行为都作为因变量，运用双变量 Probit 回归模型，实证分析农户长期健康投资意愿和行为的影响因素和相关性。

2. 二元 Logit 回归模型

在农户短期健康投资行为的影响因素分析中，被解释变量是农户的短期健康投资行为（即就医行为），为二分类变量；在农户健康投资行为对贫困的影响分析中，因为被解释变量是农户的贫困状态，所以也为二分类变量。针对二分类变量只有两种取值的情况，可以采用 Probit 和 Logit 两种方法来估计系数，由于 Logit 比较常用，因此选择了二元 Logit 回归模型，分别分析农户短期健康投资行为的影响因素及其和短期、长期健康投资行为对贫困的影响。

第五节 研究思路

本书以内蒙古深度贫困地区的农户为研究对象，基于农户健康投资行为的现状及其对贫困的影响机理分析，按照农户健康投资意愿和行为的影响因素分析——短期健康投资行为对贫困的影响——长期健康投资行为对贫困的影响——政策建议的思路展开，旨在为贫困地区降低因病致贫比率、完善公共卫生政策提供理论依据和决策参考。首先，本书在梳理国内外文献的基础上，对农户健康投资行为进行了界定。其次，依据实地调研数据，分析了内蒙古深度贫困地区的贫困现状以及农户短期和长期健康投资行为的现状；然后在 Andersen 健康行为模型的基础上，运用二元 Logit 回归模型对农户短期健康投资行为的影响因素进行分析，以计划行为理论作为分析框架，使用双变量 Probit 回归模型分析了农户长期健康投资意愿和行为的影响因素及相关性；之后利用二元 Logit 回归模型分别研究了农户短期和长期健康投资行为对贫困的影响。最后，在以上分析的基础上，提出完善贫困地区公共卫生政策、引导农户进行科学的健康投资行为，并实现农户脱贫的具体建议。本书所采用的技术路线图如图 1－2 所示。

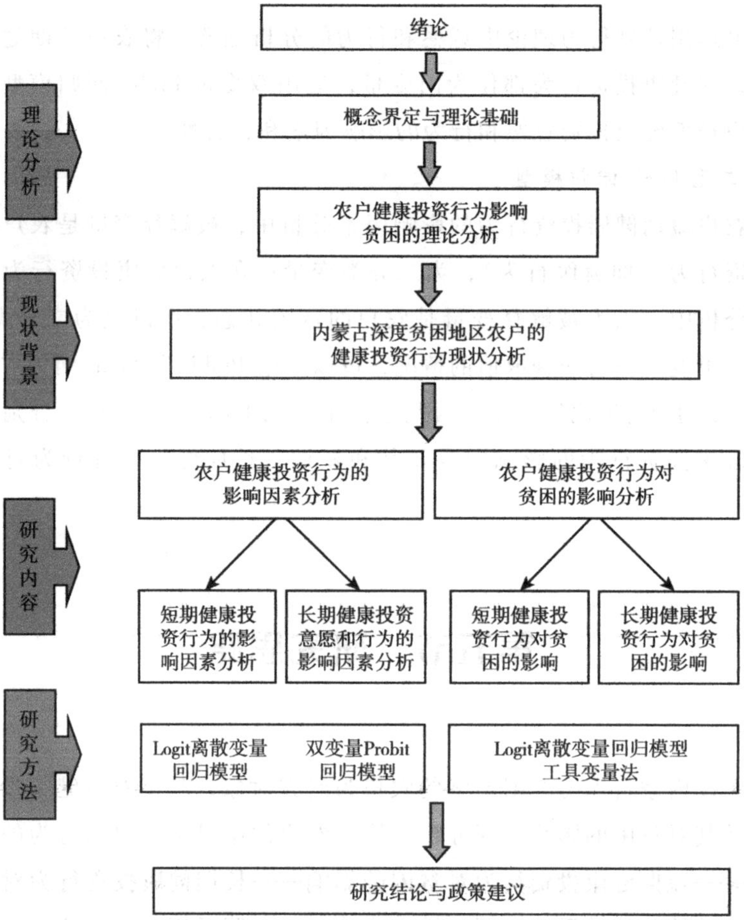

图 1－2　技术路线图

第六节　可能的创新之处

本书立足于实际情况，紧密结合内蒙古深度贫困地区的发展现状，采用规范研究和实证研究相结合的研究方法，依据深度贫困理论、农户行为理论和健康需求理论等，从农户因病致贫的视角出发，较为系统地研究了农户短期及长期健康投资行为的影响因素、农户健康投资行为对贫困的影响问题，力争实现对已有研究成果向更深层次的推进，为降低农户遭遇健康风险冲击的概率、预防农户因病致贫提供政策建议。

本书可能的创新性工作主要表现在以下三个方面。

第一，基于双变量 Probit 模型将农户长期健康投资意愿和行为纳入同一分析框架，借助计划行为理论，研究了农户长期健康投资意愿和行为的影响因素。已有研究将意愿和行为等同为一个概念，用意愿代替行为，没有将两者区别开来。本书基于计划行为理论，利用内蒙古深度贫困地区农户的调研数据，将“意愿”和“行为”作为两个变量分开考虑，运用双变量 Probit 回归模型，分析农户长期健康投资意愿与行为的相关性以及影响因素，从而能够更全面、更有针对性地提出政策建议。

第二，采用行为经济学的衡量方法，从微观层面对农户健康投资行为进行界定和衡量，并结合深度贫困地区实际情况将吸烟、喝酒行为作为负向健康投资行为进行分析。与以往多从宏观层面研究健康投资，并将健康投资等同于健康投资水平的研究相比，推进了健康投资的微观研究；同时将研究视角转换到深度贫困地区农户的行为上来，为进一步研究贫困问题提供新的视角，为研究和制定扶贫政策提供新的借鉴和启示。

第三，明确了农户的健康投资行为和贫困的关系，系统地实证探究了农户短期和长期健康投资行为对贫困的影响。本书按照投资所取得的收益时间长短将健康投资行为分为短期健康投资行为和长期健康投资行为。通过内蒙古深度贫困地区农户的实地调研数据，对健康投资行为与贫困之间的关系进行定量分析，明确了它们之间的相关性，即正向长期健康投资行为可以减少因病致贫，而负向长期健康投资行为会增加因病致贫的可能。这为后续研究行为和贫困之间的关系提供了有益的思路，并可为未来贫困政策的优化、调整提供借鉴。

第二章 相关概念与理论基础

本部分主要包含两方面的内容：首先，在前人研究的基础上，界定深度贫困地区农户、健康风险冲击、健康投资行为的概念，这有利于明确本书的研究范围和研究对象；其次，概括相关的理论基础，本书主要以贫困理论、计划行为理论、农户行为理论、健康需求理论等作为研究的理论基础，既是后续研究的逻辑起点，又是后续研究的理论支撑。

第一节 相关概念

一、深度贫困地区农户

农户是迄今为止最古老、最基本的，集经济与社会功能于一体的单位和组织，以姻缘和血缘关系为纽带。农民与社会、国家、市场的联系都是以“户”为单位进行的（翁贞林，2008）[98]。20世纪80年代家庭联产承包责任制在中国农村广泛确立，农户作为农业生产、生活和交易中最基本的活动单元逐渐拥有了独立决策的权利。农户通过合理配置生产要素进行农业生产，参与市场活动并追求家庭整体的效用最大化（钟甫宁等，2011）[99]。本书研究的农户是深度贫困地区的农户，具备一般农户的典型特征，包括家庭主要成员共同居住和生活在农村、主要从事农业生产和经营活动、自给自足程度较高、经济文化生活和家庭关系紧密结合等。除此之外，还需要考虑所处地区是深度贫困地区，它的形成是由投资不足、增长滞缓以及发展失衡、分配不公引发的结构性痼疾（Bigsten & Shimeles，2007）[100]。和一般地区相比，具有整体上经济基础薄弱、自然条件较差、贫困程度较深的特点。结合两者的特征和已有文献，将深度贫困地区农户的概念界定如下：长期处于深度贫困地区、生计高度依赖农业、生产生活直接依赖自然资源、极易遭受风险冲击、收入不稳定的农户。

本书以内蒙古深度贫困地区的微观农户调研数据作为样本来源，其中包括了贫困农户和非贫困农户的数据。我国在识别和认定贫困农户时，是以农户收入为基本依据，在确定绝对贫困标准线的基础上，从多维贫困的角度综合考虑加以认定，比如教育、医疗、环境等因素，“两不愁、三保障”① 即是体现了这一原则。本书的贫困农户满足以下条件：（1）属于建档立卡范围；（2）家庭主要收入来源以务农和务工为主，同时满足国家和自治区扶贫标准；（3）家庭成员患重大疾病、长期慢性病、残疾等，丧失劳动能力，扣除已经享受的各类救助后，自付医疗费仍然很高，导致家庭收入仍然处于国家和自治区扶贫标准以下。

二、健康风险冲击

风险，作为一个古老而又现实的话题，极为普通却难以准确概括。西方农业经济学研究中，风险与不确定性不能严格地互换使用，若事件发生的可能性能够用概率表示则是“风险”，若不能用概率表示则称为“不确定性”（杜为公等，2016）[101]。广义上说，风险主要是指由未来的不确定性而可能导致损失发生（马保成，2015）[102]。农户的健康风险是由于疾病等而导致的农户损失[11]，或者是各种致病及导致损失的可能性[12]，更强调健康需求因素中具有消极意义或负面影响的内外部不确定因素[13]。冲击强调的是严重影响，现实中遇到的冲击大致有宏观经济波动、自然灾害以及疾病和家庭变故等，可归为区域性总体冲击（如自然灾害）和个体特异性冲击（如健康冲击）。与区域性总体冲击不一样的是，健康冲击一般只针对个体或家户（邹薇等，2013）[91]。健康冲击有两类：正向冲击和负向冲击。一般情况下，健康冲击是指健康的负向冲击，即在某一特定的时间段内，受到疾病的严重影

① 即“不愁吃、不愁穿、义务教育有保障、安全住房有保障、基本医疗有保障”，引自《中国农村扶贫开发纲要（2011—2020 年）》。

响，而一般的小病不能称之为健康冲击。当家户中有成员受到健康冲击时，会导致该家户资源在生活消费、医疗支出以及健康投资等之间的再配置。如果是家户中主要收入来源者受到严重的健康冲击，则很可能产生持久的影响。因此，鉴于本书的研究目的，将健康风险冲击界定为遭受到了健康的负向冲击。主要是指对农户产生的较大的负外部冲击，即某一个家庭成员的健康状况从“非常好”变为“一般”或“较差”，这种向下跳跃两到三个等级的健康状况变化被视为健康风险冲击。考虑到实际的可操作性，在该定义的基础上，将健康风险冲击具体为家庭中至少有一人患慢性病、大病或残疾。

三、健康投资行为

Mushkin，Schultz，Becker 等经济学家对人力资本的经典论述都表明了健康是人力资本的组成部分，健康投资属于人力资本投资。人力资本投资是指为了达到提升劳动者人力资本水平，进而提高生产效率目标而施加于劳动者身上的一切投资（刘纯阳，2005）[92]。简而言之，健康投资就是为了劳动力的健康而进行的人力、物力、财力方面的投资，也可称之为健康人力资本投资，包括对劳动力健康水平的恢复、修复、维持和提升（顾雪兰等，2017；周孝，2015）[57,81]，即只要是有利于健康的行为都可以视为健康投资行为（高其法，2013）[54]。

健康投资行为是健康投资的具体化。被誉为健康经济学创立者的美国著名经济学家维克多·富克斯（Victor R. Fuchs，2000）[38]认为，健康投资在微观层面是指个人和家庭为增进自身健康水平而投入的时间、物力和财力。从微观角度来讲，健康投资就是人们为了获得良好的健康而消费的食品、衣物、健身时间和医疗服务等资源（Henderson，2008）[45]，它和我们日常生活中所说的健康干预或者健康管理意思较为接近（浦科学，2016）[103]。身体健康对我们的康乐、安宁是至关重要的。医疗是众多提升健康水平的投入要素之一，对于医疗的需求是从更基础的对身体健康的需求衍生出来的（Grossman，1972）[5]。但其他要素或许在促进身体健康方面更为重要（Henderson，2008）[45]，如生活水平的提高、遗传禀赋、自然和社会环境以及吸烟、饮食和运动等个人行为。

根据 Fuchs 和 Henderson 健康经济学的健康投资定义以及研究需要，本书将健康投资行为界定为：在特定生活环境及资源禀赋既定条件下，农户为了减轻或避免疾病对家庭或个人的侵袭，维持其劳动能力，对医疗和非医疗措施所做的消费和投资选择行为。依据这一定义，将健康投资行为分为短期健康投资行为和长期健康投资行为。短期健康投资行为主要指因病就医，通过就医恢复患病者的身体健康；长期健康投资行为主要指预防保健，即采取各种措施，包括日常体检、健康饮食、体育锻炼等，促进健康水平的提高。分类的标准不是投资的时间长短，而是投资所取得的收益时间长短。根据调研实际情况，为了更全面地考察深度贫困地区农户的健康投资行为，本书遵循 Bertoni et al.（2018）[104]的研究，将农户的吸烟和喝酒行为纳入长期健康投资行为，作为负向健康投资行为进行分析。深度贫困地区农户的健康投资行为涵盖内容详见图 2－1。

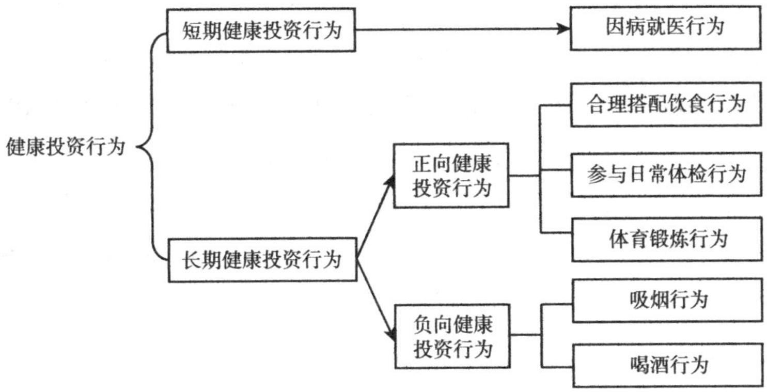

图 2－1　健康投资行为的内容

第二节　理论基础

本书的研究对象是深度贫困地区的农户，因此从贫困相关理论入手，奠定研究的基础，并进一步结合农户行为理论、计划行为理论、人力资本投资理论、健康需求理论搭建本书的理论基础分析框架，其中，农户行为理论提供了本书的逻辑起点，即农户行为是理性的，当其遭遇健康风险冲击后，会充分考虑家庭内部资源的再配置，从而做出理性选择；计划行为理论为本书的健康投资意愿和行为分析提供了分析框架；人力资本投资理论和健康需求理论为本书的研究主题奠定了理论基础。

一、贫困相关理论

（一）贫困内涵的变化与演进

贫困是一个古老而又复杂的话题。近现代关于贫困的讨论是在资本主义社会出现的（王海民等，2009）[105]。1776年经济学之父亚当·斯密发表了创世巨著《国富论》，阐述了财富来源和经济发展的原理，并且说明财富在社会各阶层自然分配的秩序。文中对“亚麻衬衫”的经典论述是从缺乏生活必需品的角度来表示贫困状态的。1798年英国的马尔萨斯发表了《人口论》。这是第一部阐述贫困问题的经典著作，在理论上首次提出了贫困问题，其最大的贡献在于使人们认识到人口增长和贫困的关系，因而要注意人口与生活资料的比例协调，防止人口的过快增长。马克思贫困理论诞生于19世纪中叶，通过对前人思想的批判与吸收，科学而又深刻地分析了贫困的原因及消除贫困的途径。马克思最早从制度层次上揭示了贫困的根源，认为要通过社会革命推翻资本主义制度，彻底消除贫困，实现共同富裕。随着贫困问题进入了理论研究领域，关于贫困的内涵也愈加丰富，学术界逐渐形成了一些有代表性的理论。本书将代表性理论和代表人物或机构总结为表2-1。

表2-1　　关于贫困内涵的理论

贫困理论	提出时期	代表人物/提出机构
收入贫困理论	20世纪初	布思（1901）[106]、朗特里（1901）[107]
能力贫困理论	20世纪80年代	阿玛蒂亚·森（1981）[108]
权利贫困理论	20世纪70年代末80年代初	Peter Townsend（1979）[109]、阿玛蒂亚·森（1981）[108]
人文贫困理论	20世纪90年代	联合国开发署（1997）[110]

注：根据相关资料整理。

收入贫困理论，对贫困内涵的理解是从收入和满足人的基本需求角度展开的。Rowntree（1901）[107]提出了贫困的定义，即“如果一个家庭的总收入不足以维持家庭人口最基本的生存活动要求，那么，这个家庭就基本上陷入了贫困之中”。通过对人们基本生活开销的计算，制定了最古老、最传统的确定贫困线的办法，这都是建立在绝对收入的基础之上的。早期对贫困内涵的理解大多基于物质层面，强调的是绝对贫困，比如“收入中断时，满足生存需要的食物、衣服、燃料等会极度缺乏”（William Beveridge，1942）[111]、“贫困是被迫缺乏社会上感知到的必需品”（Joanna Mack & Stewart Lansley，1985）[112]、“所谓贫困问题，是说有许多家庭，没有足够的收入可以使之有起码的生活水平”、“贫困最通行的定义是年收入的绝对水平”（Lloyd G. Reynolds，1984）[113]等。由于收入是衡量和评价人们生活水平的重要指标之一，且易于统计和分析，因此直到目前仍是各国制定反贫困政策的重要依据。

森将贫困的概念从收入不足拓展至多维度的可行能力缺失，认为贫困的原因是人们的可行能力丧失或不足，贫困人口缺乏获取和享有正常生活的能力。他提出以个人自由作为基本要素的新的发展观，要发展就要扩展可行能力，扩展人们过上自己有理由珍视的生活的可行能力。在森的理论框架下，生活内容是一个多维的区域，功能代表了人们在这多维领域内显性的生活状态；能力是人们为了维持自身可持续发展而应当享有的权利、机会和自由，是获得有价值生活的内在动力。传统的贫困分析建立在对人们收入或消费匮乏程度的衡量基础上，可行能力贫困观作为贫困理论的新发展，为学术界提供了新的研究视角，对贫困内涵的理解、贫困度量、反贫困政策制定都具有重要的实践创新性启示。森的理论被世界银行作为发展理论的楷模（王海民等，2009）[105]，将贫困定义为“缺乏达到最低生活水准的能力”（UNDP，1990）[3]，这恰恰就是对可行能力理论的最好诠释和运用，即将看待贫困问题的角度从单一的“财富”角度扩展到体现贫困内涵的多元化的“可行能力”角度。

英国著名致力于贫困研究的学者彼得·汤森于1979年首次提出了“相对贫困”的定义，他认为贫困是“个人、家庭、社会组织由于缺乏社会参与的相关资源而被相对剥夺，最终暂时处于或者长期处于贫困状态”（刘杰等，2016）[114]，同时运用相对收入标准、贫困剥夺标准对贫困规模及贫困程度、社会剥夺程度进行了更为准确的测量。汤森的研究除了考虑生存状态和生活水平外，更加关注贫困群体的社会公平、权利剥夺。相对贫困理论的提出逐步拓宽了贫困内涵的研究视角，影响深远。森将饥荒和贫困视作“权利丧失”的结果，对商品支配能力的形成大多是各种权利关系影响的结果，因此权利关系是摆脱贫困的必备条件。受此贫困内涵的启发，世界银行在2000年将贫困的定义确定为“贫困是指福利的被剥夺状态”[115]。贫困者不仅在经济上不能享有资源和收入，而且由于其能力低，在机会、地缘和社会方面还要受到排斥。脆弱的环境下没有可以求助的资源，任何冲击都是猛烈的或者不能弥补的（王海民等，2009）[105]。

对贫困内涵理解的革命性突破是联合国开发署在1997年提出的“人文贫困”概念（叶普万，2005）[116]，用来反映贫困这一极其复杂的问题。人文贫困理论来源于阿玛蒂亚·森的能力和权利贫困理论（徐贵恒，2008）[117]，具体是指人们在寿命、健康、居住、知识、参与、个人安全和环境等方面的基本条件得不到满足，而限制了人的选择。其内容更加全面和广泛，不仅包括收入贫困，还包括权利贫困、人力贫困和知识贫困（叶普万，2005）[116]。其核心是通过对贫困多元性质的集合，强调对人类基本权利或能力的剥夺。

从收入贫困到权利、能力贫困，再到人文贫困，从绝对贫困到相对贫困，贫困内涵的相关理论不断演进和发展，对贫困的理解也越来越全面和深刻，从简单的“食不果腹”“衣不蔽体”等经济和短缺贫困发展到今天的政治、心理、文化等更加广泛的贫困。

（二）贫困成因理论

既然贫困是一个多维层次的、复杂的、动态的概念，那么依据不同的贫困内涵理论，其成因也是呈现多元化的。国内外专家学者们研究后将贫困成因理论作了以下简单的总结。

制度性贫困理论的核心观点就是，各种政治、经济制度最终导致了贫困。比如，马克思认为，消灭资本主义制度是解决无产阶级贫困的根本途径；Townsend认为，贫困的原因在于分配制度的不公和权利的相对剥夺；国内研究认为，我国的户口制度、城乡二元经济结构等制度是造成贫困的主要原因。这些理论对如何从制度层面上消除贫困具有深刻的启发意义。

Nurkse（1953）[118]、Nelson R. R（1956）[119]、Leibenstein（1957）[120]等经济学家们在对发展中国家的贫困现象进行研究之后普遍认为，资本稀缺、资本积累不足是造成贫困落后的主要原因，要想摆脱贫困，加快经济发展，必须增加投资，促进资本积累和形成，从而推动经济增长。舒尔茨提出的人力资本理论强调，人力资本的匮乏和对人力资本投资的过分轻视是导致贫穷国家落后的根本原因。

环境约束型贫困理论是将地理环境和自然环境单独作为关键因素，研究贫困问题的理论。国内外学者认为地域差异，如自然环境、资源条件等因素与制度、资本等因素一样，也是导致贫困的主要原因。尤其是由于特殊地理位置、生产条件等带有明显地域特征的约束条件导致的贫困引起了人们的广泛关注，比如中国的深度贫困地区，呈现按区域分布、集中连片、自然条件恶劣、生态环境差等特征，脱贫的难度较大。

风险冲击型贫困理论是从微观的视角研究风险冲击和贫困之间的关系的。世界银行（2000）[115]将贫困的概念扩展为包括风险和面临风险时的脆弱性。各种风险的外部冲击会加剧贫困，比如气候变化、自然灾害、疾病等会使脆弱群体遭遇经济困难（陈传波，2005）[121]。其中，健康风险是人们面临的最严重、最普遍的风险因素，一旦遭遇健康风险冲击，会使人们陷入贫困境地。比如中国目前的因病致贫人数占到总贫困人口的一半以上，是造成贫困的最主要原因。

（三）深度贫困理论

深度贫困的概念由美国学者于20世纪中后期提出，主要用于深度贫困人口和深度贫困率的统计研究，比如基于收入动态调查数据（PSID）分析美国20世纪60年代以来的深度贫困发生率变化及减贫干预成效，揭示深度贫困在不同区域、种族、家庭及年龄群体中的分布特征（Fox et al.，2015，2018；Haveman et al.，2015）[122,123,124]。深度贫困描述的是收入在贫困线标准50%之下的贫困状态，虽然尚未完全形成独立、系统的学术范式，但其指代的一类反映底层人口生存危机的严重贫困问题已引发广泛的理论与政策探讨（Iceland & Bauman，2007；Shaefer & Edin，2013）[125,126]。贺立龙等（2020）[127]将深度贫困阐述为“收入或综合贫困程度低于绝对贫困标准50%的结构化贫困陷阱”，其外延涵盖个体深度贫困和总体深度贫困，比如深度贫困家庭和成员、深度贫困地区或社区等。

深度贫困具有不同于一般贫困的性质，成因复杂、类型多元，其贫困程度更深，在发展中国家长期存续。中国的深度贫困是不均衡增长及发展不平衡矛盾在特定地区的体现，受环境、地理、民族等多种因素影响，呈现空间聚集、区块分布、多因交织等特征。党的十八大以来，党中央把扶贫开发工作提升至治国理政新高度，将深度贫困治理作为最基本的民生理念，提出了

“三区三州”深度贫困地区、特殊贫困群体等深度贫困对象范畴，拓展了深度贫困的概念体系及外延层次（贺立龙等，2020）[127]。习近平总书记在2017年6月深度贫困地区脱贫攻坚座谈会上对深度贫困地区、深度贫困县、深度贫困村进行了具体说明，概括总结了深度贫困的特征是贫困人口占比高，发生率高，可支配收入低，基础设施和住房差，以及低保五保贫困人口、因病致贫返贫人口、贫困老人脱贫任务重（“两高、一低、一差、三重”），并引用古语指出“病有标本，知标本者，万举万当；不知标本者，是谓妄行”，旨在强调推进深度贫困地区脱贫攻坚，必须找准导致深度贫困的原因。深度贫困产生的原因在于薄弱的基础设施、脆弱的自然资本、封闭的文化观念影响、低层次的市场化水平和特殊的政策规划限制等，因此发展减贫仍是根本解决之策。习近平总书记“破解深度贫困”思想，是对经典贫困理论的新发展，是新时代贫困治理理论的新思想和新战略，为我们今后的脱贫攻坚指明了方向，有助于攻克深度贫困堡垒，打赢脱贫攻坚战。

（四）贫困相关理论与研究主题

综上所述，通过对贫困内涵的演进及贫困成因理论的梳理，我们大概了解了贫困不再是《李尔王》中描绘的“居无定所、衣衫褴褛、食不果腹”，而是多种因素导致的一种经济、社会、文化现象。在当前贫困从单一经济贫困扩展到综合性贫困的背景下，由健康不佳而导致的贫困现象成为健康保障发展和贫困综合治理领域亟须关注的问题（翟绍果，2018）[128]。当农户遭遇健康风险冲击，健康资本存量下降，究其原因：一是健康不佳导致劳动能力下降，直接影响农户收入及获取收入的能力，引起收入贫困和能力贫困。疾病因素会使农户家庭某成员将收入转化为可行能力更困难，会需要更多的投入（比如得到照料、矫正残疾、接受治疗等）才能实现和别人相同的功能性活动。一个极端且不幸的例子是，如果某农户家庭中的一个主要劳动力因病死亡，可能再也无法恢复该家庭获取收入的能力，从而难以降低该家庭陷入贫困的可能性，即使医疗保障制度完全承担了其相应的医疗费用（罗楚亮，2006）[21]。二是健康风险冲击会引发疾病治疗的医疗服务需求，增加了农户家庭的医疗支出，加重了农户家庭的疾病经济负担，在风险分担机制不完善、不健全的情况下，就会陷入支出型贫困。我国长期特殊的“二元结构”社会使农村居民在享有健康权利、医疗保障权利方面是相对不足的，健康保障制度的不完善使农户不能满足对健康的需求，在获得和分配健康资源方面无法有效体现健康的公平性。经济学家指出，医疗服务和教育、食品、住房等一样，是一种“功德物品”（Musgrave，1987）[129]，每个人都有享有这些物品的权利。因此，制度和资源因素导致的贫困更应该引起人们的关注。

深度贫困理论，既和研究主题相对应，使我们了解了中国深度贫困地区的特征及致贫原因，又可以帮助我们高度认识现阶段深度贫困治理的战略意义。本书结合调研区域，深入分析深度贫困的致贫机理，并做出全面阐释和剖析。中国已进入攻克贫困堡垒的收官之年，认识、理解并应用深度贫困理论对打赢扶贫攻坚战具有重要的理论价值和现实意义。

本书的研究对象是深度贫困地区的农户，并且主要是遭受了健康风险冲击的因病致贫农户。贫困相关理论中，贫困内涵理论为研究提供了逻辑思路，帮助我们从逻辑上梳理因病致贫农户的现状；贫困成因理论和深度贫困理论为研究提供了政策建议方面的思考，帮助我们从政策角度探究农户因病致贫的治理路径和治理体系。

二、农户行为理论

行为理论是从经济学和心理学的角度，研究理性人面对经济活动时如何做出反应的学说。顾名思义，农户行为理论研究的是农户如何做出抉择、采取何种行动的理论。农户行为理论的研究主要集中在基本理论，即农户行为的理性和非理性之争、农户行为模型、农户理论的中国化（岳远贺，2017）[130]三个方面的研究，本书将其作为研究的理论基础之一，目的在于提供论文的逻辑起点。

在农户行为理论的研究中，由于研究对象、所处历史阶段的不同，形成了三个主要理论学派，围绕农户行为的理性问题展开了讨论，其产生的时间、代表人物和主要观点见图 2－2。

国外学者们对于农户行为的研究，最早开辟先河的是恰亚诺夫和舒尔茨，分别代表了两种不同的观点。以恰亚诺夫（1923）[131]为代表的组织生产学派，通过对俄国革命前的农户经济行为进行研究，认为农户经营不同于资本主义企业，两者在经营目标和收益核算方法等方面都存在差别。农户依靠的是自身的劳动力，其生产决策在家庭消费需求和付出的劳动之间进行权衡。

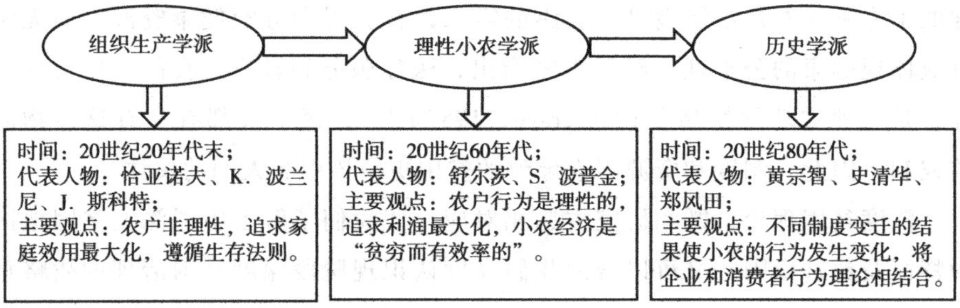

图 2－2 农户行为理论学派

在恰亚诺夫看来，农户的主要目的是满足家庭需要，而不是利润最大化。正因如此，农民可能有一些与利润最大原则背道而驰的经济行为，比如“自我剥削”“饥饿地租”。以斯科特（1976）[132]为代表进行农户经济行为研究的学者进一步发展、完善了恰亚诺夫的观点，从风险角度来分析农户的行为目标与动机，认为小农经营面临很大的风险和不确定性，由于贫穷，缺乏克服风险的手段和物质基础，在恶劣的生存条件下，农户的行为选择和价值标准将对生存保障的追求远远高于对利润最大化的追求。农户经济行为是风险回避型的，其回避风险的行为遵循“安全第一”的准则。

1964 年，舒尔茨的《改造传统农业》一书出版，引发了理论界对农户行为的重新认识。随着舒尔茨获得诺贝尔经济学奖，对农户行为的研究逐渐成为经济学界备受关注的一个前沿问题。以舒尔茨为代表的理性小农学派认为农户的经济行为是理性的。舒尔茨（1964）[133]认为“全世界的农民，在考虑成本、利润及各种风险时，都是很会盘算的生意人”，主张用分析资本主义企业的各种经济学原理来解释农户的经济行为，并指出农户可能是贫困的，但是效率很高。舒尔茨的观点得到一些学者的支持，波普金（1979）[134]认为，农户是在权衡了长期、短期利益及风险因素之后，追求最大利益而作出合理生产决策的抉择者，是“理性小农”。

随着经济学与社会学、心理学等学科的不断交叉融合，学者们对农户经济行为的研究逐渐地从完全理性发展到有限理性，以阿罗、西蒙（1989）[135,136]等经济学家为代表的学者们认为人的理性行为是有限的，人们只能在决策过程中寻求满意解而难以获得最优解，有限理性是由人的心理机制决定的。以黄宗智、史清华等学者为代表的历史学派以中国成立以前华北地区贫农家庭为研究对象，在对中国农村社会经济发展的基本规律研究的基础上，认为要综合分析小农的动机和行为，就需要全面考虑其维持生计和追求利润的双重目标，农户的资源配置与产业选择完全是与其家庭资本储备与产业发展要求相适应的一种结果。黄宗智（1986，1992）[137,138]认为，中国的小农家庭收入主要有农业收入和非农收入两部分组成，农户只有在家庭收入难以满足其生存需要时，才会选择参与非农就业。这种“过密化小农”较好地解释了二元经济下中国的小农行为，但随着中国城乡制度的改善，非农收入逐渐成为农户家庭的主要经济来源。

农户行为理论是从微观农户的角度解释和研究农村经济社会发展问题的一种理论（翁贞林，2008）[98]。具体而言，农户行为是农户为了追求自身利益最大化或对某种效用的极大满足而表现出来的一系列经济活动的过程，包括生产、消费、投资、劳动力供给等行为。农户的健康投资行为是农户行为的一种，不同的健康投资行为代表了不同的农户行为特征。短期健康投资行为即就医行为是农户遭遇健康风险冲击之后产生的对医疗的派生需求，是在农户家庭现有的资源禀赋和约束条件下做出的行为选择，是抵御疾病风险重要的风险缓解策略之一（冯黎，2009）[19]。农户家庭在面对健康风险冲击时会形成家庭内部收入共享、风险共担的非契约性集体行为，这种行为表现出来的特征是风险规避和家庭资本积累机制所体现的经济理性（薛桂霞等，2013）[139]，符合农户行为理论中的“理性人”假设。长期健康投资行为是农户遭遇健康风险冲击之前的预防保健行为，虽与健康关系密切，但是与就医行为会有很大区别。即使是农户已经意识到了预防保健行为的重要性，比如说大多数农户都认为吸烟是有损身体健康的，但是有的农户却几乎抽了一辈子烟；还有农户能够意识到体检的重要性，也知道早发现、早治疗可以降低疾病的风险损失，但是却不去实施体检行为。农户的这些日常生活行为削弱了理性人假定的观念，其行为选择受经济状况、文化传统、主观规范乃至年龄、受教育程度等因素的影响而表现为非理性，支配农户行为的往往不是经济逻辑，更多的是习惯与本能。但我们应该认识到，这恰恰说明，在农户面临的约束条件下，其行为选择也只能是这样的，是在农户所处的具体环境下所能够追求的一种效用最大化的选择。因此，农户的长期健康投资行为是理性与非理性交织在一起的，在具体研究时也应该遵循着这样的认识，从微观农户的角度出发研究具体问题。

三、计划行为理论

计划行为理论，简称TPB（Theory of Planned Behavior），是社会心理学领域中预测和解释人类行为的经典理论。以阿罗和西蒙（Kenneth Arrow & Herbert Simon，1989）[135,136]等经济学家为代表的学者们认为人的理性行为是有限的，人们只能在决策过程中寻求满意解而难以获得最优解，有限理性是由人的心理机制决定的。菲什拜因和阿耶兹（Fishbein & Ajzen，1975、1991）[140,141]在理性行为理论（TRA）和多属性理论的基础上发展了TPB，Ajzen在理性行为理论的基础增添了感知行为控制变量，1991年随着Ajzen《计划行为理论》一文的发表，标志着该理论的正式确立。从理性行为理论到计划行为理论被广泛应用于乡村研究领域，在农户行为研究方面取得了丰富的研究成果。

该理论模型包括五个要素，即行为态度、主观规范、知觉行为控制、行为意向①和行为。其中，行为态度、主观规范和知觉行为控制是预测行为意向的三个重要变量。态度是社会心理学的核心概念，社会心理学最早的定义就是研究态度的科学（段文婷等，2008）[142]。态度表示个体对从事某一目标行为正面或负面的情感，是由行为结果的主要信念以及对这种结果重要程度的估计所决定的；主观规范指的是个体认为对其有重要影响的人，希望自己采用某种行为的感知程度，是由个体对他认为应该如何做的信任程度，以及自己对于与其他人意见保持一致的水平所决定的；知觉行为控制包括个人能力、机会、资源等对个体的行为产生控制，这些外在条件同样会对个体行为产生重要影响。行为意向是人们打算从事某项特定行为的度量，是一种意愿；态度和主观规范、知觉行为控制共同决定了个体的行为意向，行为意向进而影响到行为（Ajzen & Fishbein，1980）[143]（见图2-3）。计划行为理论的核心内容是个体的行为受行为意向影响，而行为意向又受行为态度、主观规范、知觉行为控制三个变量的影响，态度、主观规范和知觉行为控制对行为意向和行为的解释力在不同区域、国别或具体行为中略有差异，但并不影响该理论的实际应用（Albarracin et al.，2001；McEachan et al.，2011）[144,145]。

① 1991年Ajzen的《计划行为理论》一文中，intention代表行为意向。后来的研究者将行为意图、意愿等同于行为意向。本书也借鉴前人的研究，将意愿等同于计划行为理论中的行为意向。

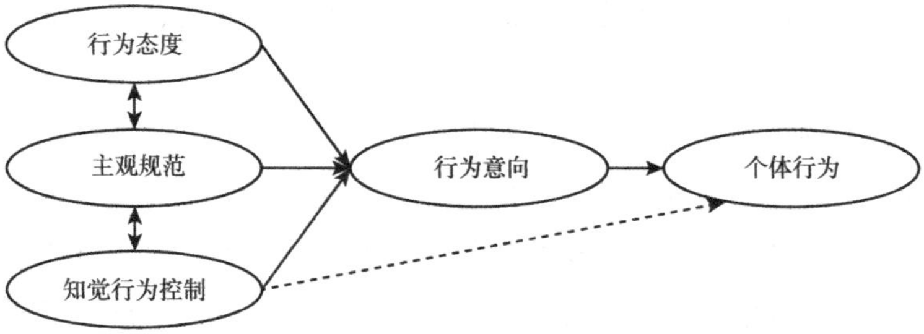

图 2－3　TPB 框架图

计划行为理论将行为意愿和行为纳入同一分析框架，并认为行为意愿会影响行为。对农户来说，其健康投资行为并不是凭空产生的，而是在一定的动机和需要驱动下，根据自身条件，在外部环境制约下进行选择的必然结果。尤其对于农户的长期健康投资行为来说，其投资意愿是非常重要的。只有当农户具有了长期健康投资的意愿，才会在认知衡量和风险感知后进行行为的选择。农户的健康投资行为选择的过程遵循了 TPB 理论的分析框架，因此我们将其作为理论基础展开研究。

四、人力资本投资理论

人力资本投资理论追本溯源，可以从威廉·配第开创的英国古典政治经济学说起。17 世纪中叶，威廉·配第提出了一切财富都是由人的劳动和自然共同生产的观点，并且由于人的素质不同，对社会财富的贡献也会有所不同。法国重农学派的创始人魁奈（1758）[146]认为，构成国家最强大的因素是人，人们本身成为自己财富的第一个创造性因素，强调财富生产中人的作用。1776 年亚当·斯密在《国富论》中最早对人力资本的内涵进行了阐述，他指出："学习是一种才能，须受教育，须进学校，须做学徒，所费不少。这样费去的资本，好像已经实现并固定在学习者的身上。"还指出："人们学习有用的技能，是一种投资活动。"古典政治经济学还涉及了人力资本的投资形式，普遍强调了教育的重要作用。新古典政治经济学对人力资本问题的态度总体上是忽视和矛盾的（桑光淇，2012）[147]，代表人物马歇尔（1890）[148]一方面认为对人本身的投资是所有资本中最有价值的投资，但另一方面又反对把人力资源看成是一种资本形态，或是一种投资的产物。欧文·费雪（1906）[149]在当时的论述中也没有摆脱传统观念的束缚，认为把资本概念应用于人类既不适当也不实际。

经过长期的思想发展和理论准备后，20 世纪 50 年代，现代人力资本投资理论开始形成。伴随着经济增长理论的蓬勃发展，人们开始深刻探讨经济增长的源泉，当经济增长研究视角从传统的资本、技术、劳动力转移到人的时候，对教育、健康、劳动者技能等问题的研究为人力资本投资理论的形成奠定了基础。经济学家明赛尔 1957 年最早提出了现代人力资本的概念，1958 年首次建立了人力资本投资与个人收入之间关系的人力资本收益率模型，并把受教育年限作为衡量人力资本投资的最重要标准。1960 年舒尔茨发表的《人力资本投资》被视为是人力资本理论的形成标志。Schultz（1961）[150]认为：人力资本投资包括医疗和保健、在职人员培训、正规学校教育、不是由企业组织的学习项目和迁移五类。他的核心思想就是人力资本是投资形成的，人力资本的提高对经济增长的作用远比物质资本的增加重要得多，人力资本是现代经济增长的主要因素。Becker（1964）[151]认为人力资本投资应包括“正规学校教育、在职培训、医疗保健、迁移及收集价格和收入的信息等多种形式”。他进一步构建了人力资本投资理论的微观经济基础，运用成本-收益方法对教育投资进行了分析，认为人力资本包括直接成本和间接成本。

人们对健康是最重要的人力资本这一观点已经达成了共识，从这个角度看，健康投资就是最重要的人力资本投资。舒尔茨明确地将医疗保健支出及用于营养、食物、住房等生活消费支出定义为人力资本投资，并且特别强调人力资本投资对经济落后国家的特殊意义。农户的健康投资行为体现为对健康人力资本的投资。无论是短期健康投资行为，还是长期健康投资行为，都是对健康的需求进而导致的对健康投资的需求。现阶段，农户的短期健康投资行为即就医行为的收益是能够看得见的，表现为疾病的缓解或消除、身体健康状况的维持或恢复；而长期健康投资行为带来的收益是不确定的，通过这种投资所积累起来的人力资本存量很难同个人初始的健康资本有效区分，因此才会导致现阶段农户的长期健康投资行为较为缺乏。但是人力资本投资理论告诉我们，健康投资是一种终身的投资行为，从长期来看不仅可以带来个人收益而且也能够带来巨大的社会收益，同教育投资相比，健康投资的正外部性非常明显。从这个意义上讲，我们的研究是具有理论和实践意义的。

五、健康需求理论

美国权威健康经济学家 Grossman 于 1972 年提出了著名的健康需求理论，首次将人力资本概念应用到了健康领域，主要贡献在于提出了健康资本的概念以及从全生命周期效用的角度提出了健康存量和健康流量的概念，并对两者的关系做了阐述。

Grossman（1972）[5]提出的健康需求均衡模型将消费者一生的效用函数表示如下：

$$U = U(\varphi_0 H_0, \cdots, \varphi_n H_n, Z_0, \cdots, Z_n) \quad (2-1)$$

式中，H_0表示消费者在出生时继承的健康初始存量，H_i为第 i 期的健康存量，φ_i 为每一单位的健康资本存量所产生的收益，$h_i = \varphi_i H_i$ 则表示消费者在第 i 期所消费的总的健康所获得的收益，Z_i表示第 i 期进入效用函数所消费的除健康之外的所有消费品的集合，n 则代表消费者的寿命，其长度取决于最大化效用的 H_i的数量，受制于生产和资源的限制，特别是当 $H_i = H_{min}$时，死亡发生。因此 n 在这里是一个内生变量。其中，除 H_0为外生变量之外，H_i和 Z_i以及 n 都为内生变量，由消费者自己决定。

健康存量的净投资（健康资本的积累）等于总投资减去折旧，具体表达式如下：

$$H_{i+1} - H_i = I_i - \delta_i H_i \quad (2-2)$$

I_i为健康投资，δ_i为第 i 期健康资本的折旧率，是随着年龄的变化而变化的。

消费者效用函数中的健康及其他消费品的投资可以通过一系列家庭生产函数表示：

$$I_i = I_i(M_i, TH_i; E_i) \quad (2-3)$$

$$Z_i = Z_i(X_i, T_i; E_i) \quad (2-4)$$

M_i代表消费者从市场购买的医疗服务，就是用于生产健康所需要的投入要素，X_i是消费者用于生产 Z 消费品所需要的投入要素，TH_i和 T_i则为消费者的时间投入，E_i则为消费者的知识存量或人力资本，不包括健康资本（封进，2009）[152]除了医疗服务可以影响一个人的健康水平之外，还有住房、饮食、运动、吸烟喝酒等，这些投入也会在效用函数中产生其他商品，但是该理论模型将医疗服务视为健康投资中最重要的投入要素。

从个人的角度来看，市场商品和自己的时间都是稀缺资源。商品预算约束将商品支出的现值等于整个生命周期的收益现值加上初始资产（贴现的财产收入）。

消费者面临的预算约束为：

$$\sum \frac{P_iM_i + Q_iX_i}{(1+r)^i} = \sum \frac{W_iTW_i}{(1+r)^i} + A_0 \tag{2-5}$$

时间约束表示为：$TW_i + TL_i + TH_i + T_i = \Omega$ (2-6)

式中，P_i和Q_i是M_i和X_i的价格，W_i是小时工资率，TW_i是工作时间，A_0是贴现的财产收入（初始财产），r是贴现率（市场利率）。式（2-5）等号左边是支出或消费的现值，等号右边是收入的现值，即所有的收入都用来进行医疗服务和其他消费。时间约束要求Ω，即任何时期可用的总时间，必须被所有可能的用途用尽。TL_i为因疾病或受伤而在市场和非市场活动中损失的时间，即健康状况不良的时间。

将式（2-6）替代式（2-5）中的劳动工作时间，可以得到全部财富的约束条件：

$$\sum \frac{P_iM_i + Q_iX_i + W_i(TL_i + TH_i + T)}{(1+r)^i} = \sum \frac{W_i\Omega}{(1+r)^i} + A_0 \tag{2-7}$$

等号右边财富的一部分用于市场商品，一部分用于非市场产品，一部分由于疾病而流失。在公式（2-2）（2-3）（2-7）给定的约束下，现在，通过最大化方程（2-1）给出的效用函数，可以找到H_i和Z_i的平衡量。

Grossman 的健康需求理论是健康经济学研究中的奠基性理论，为我们的研究提供了研究起点和逻辑思路。农户的短期和长期健康投资行为的产生均是来自对健康的需求，这种需求既有消费成分也有投资成分：一方面，健康作为消费品，直接影响到农户的效用，很显然健康的身体会增加人们的效用，而疾病会带来效用的损失，农户通过短期健康投资行为即就医行为可以使健康恢复，也可以通过长期健康投资行为增加健康资本，从而带来效用的增加；另一方面，健康作为投资品，健康资本的增加可以有更多的可利用时间，从而得以更多地参与市场和非市场活动，带来更多的收入，增加效用水平。农户对健康的需求决定了健康投资行为，同一般需求理论一样，也是由投资于健康的收益与成本决定的。均衡状态时对健康的需求随收益的提高而增加，随成本的增加而减少，健康的边际收益与边际成本相等时决定了投资健康的最优水平（赵忠，2006）[153]。

本章小结

相关概念的界定和理论基础框架的构建是本书研究的基础，本章厘清了深度贫困地区农户、健康风险冲击、健康投资行为的相关概念，并将健康投资行为分为短期健康投资行为和长期健康投资行为，明确了研究对象；通过对贫困相关理论、农户行为理论、计划行为理论、人力资本投资理论、健康需求理论等相关理论的阐释，为农户的健康投资行为及对贫困的影响研究确立理论层面的依据。

第三章　农户健康投资行为影响贫困的理论分析

虽然目前学术界关于农户的研究逐渐呈现细化的特征，如将农户分成不同群体、考虑农户分化等，但这些差异是对农户特定特征的体现，暂不考虑这些因素，单就农户健康投资行为来讲，均是遵循一般农户经济行为的分析框架，在“家庭理性”的原则下，通过就诊行为及长期健康投资行为等非契约性的集体行动实现家庭内部的收入共享、风险共担（薛桂霞等，2013）[139]，并按既定的规则在家庭内部分配，从而形成风险的规避机制，实现家庭收入效用的最大化。这一点在调研过程中也得到了很好的印证。因此，其行为在本质上便具有高度的一致性，从计量经济学的角度来看，农户的差异具体体现在对变量差异的控制上（李昊，2018）[154]。出于上述考虑，本书的农户健康投资行为理论分析不针对特定农户类型或农户特定特征，仅在此理论分析下探讨农户健康投资行为的形成过程及对贫困影响的路径，为后面的分析奠定坚实的理论基础。

第一节　农户健康投资行为的形成机理

本书将农户健康投资行为界定为：在特定生活环境及资源禀赋既定条件下，农户为了减轻或避免疾病对家庭或个人的侵袭，维持其劳动能力，对医疗和非医疗措施所做的消费和投资选择行为。依据这一定义，将健康投资行为分为短期健康投资行为和长期健康投资行为。短期健康投资行为主要指因病就医，通过就医恢复患病者的身体健康；长期健康投资行为主要指预防保健，即采取各种措施，包括日常体检、健康饮食、体育锻炼等，促进健康水平的提高。

农户健康投资行为属于微观个体的经济行为，是健康经济学重要的研究内容。农户作为经济行为主体，有其特殊的行为目标，并受一些基本因素的制约。其中最重要的就是农户从事一定的活动总是出于一定的目的，或是为了满足一定的利益。因此，农户要发生行为就要有一定的利益动机，缺了这一动力机制，也就不会或不愿作出反应。农户的健康投资行为也存在这样的利益动机。从经济学的观点看，健康是人力资本的重要组成部分，增加对健康的需求（即投资于健康）不仅可以增加健康时间，减少生病时间，提高劳动生产率，而且可以产生效用。健康很显然能够增加人们的效用水平，能够给人带来幸福。一方面健康的生活会直接提高人们的效用程度；另一方面健康状况直接影响人们的收入能力，从而间接影响人们的效用水平（赵忠等，2005）[155]。但由于健康是一种特殊的商品，这是从经济学理论的角度评价健康的前提，除了出生时继承到的健康存量以外，人们对健康的需求是不可能直接取得的，这同我们可以直接到商店购买某种商品有本质的不同。健康需要连续不断地投入才能维持，具有投入的持续性特征。为了获得健康，人们需要进行健康投资，主要的途径是获取医疗服务和进行非医疗的预防保健，即短期健康投资行为和长期健康投资行为。

一、农户短期健康投资行为的形成机理

当农户遭受健康风险冲击，健康受到损失，会导致患病者丧失劳动能力、损失劳动时间，挤占生产投资费用，甚至会影响到子女的教育投资，从而损害农户家庭的创收能力，使家庭陷入长期贫困（高梦滔等，2006）[23]。但即使是长期处于贫困状态的农户，当其遭遇风险冲击之后，也会为了追求家庭效用的最大化，作出经济行为反应和选择，从而应对负外部冲击（Lipton，1968）[156]。短期健康投资行为即因病就医行为成为农户家庭抵御健康风险冲击时最重要的风险缓解策略之一，体现了对医疗服务的需求，是对健康需求的引致需求（Grossman，1972；金双华等，2020）[5,157]，体现了农户对健康风险强烈的规避意愿。农户短期健康投资行为的形成如图 3 - 1 所示。

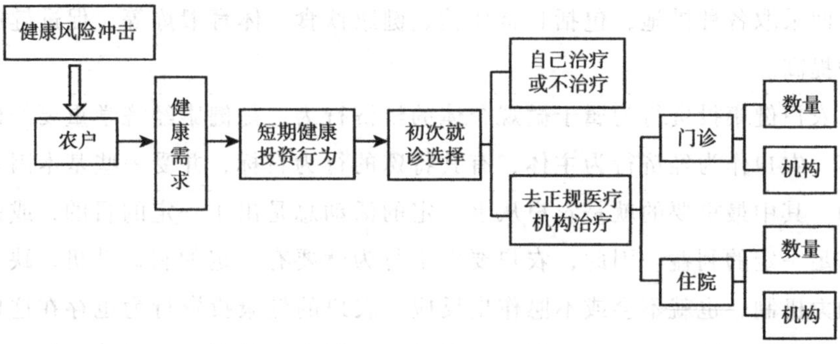

图 3－1　农户短期健康投资行为的形成

农户的短期健康投资行为主要就是对医疗服务的需求行为，包括三个阶段的决策：一是个体在感知患病症状后的初次就诊选择，即患者在自我治疗、不治疗和去正规医疗机构治疗之间进行选择；二是就诊机构的选择；三是医疗需求数量的选择（孙梦洁等，2013）[158]。农户行为理论的代表人物舒尔茨提出了“理性小农”理论，认为农户行为的选择是理性的，农户的短期健康投资行为是对医疗的派生需求。在家庭收入预算的约束下，农户会从效用最大化原则出发，根据家庭成员对家庭生产的贡献和影响来决定和选择短期健康投资行为。贫困地区的农户由于受到经济环境和自身经济能力的限制，当其家庭成员受到健康风险冲击时，农户家庭的资源禀赋和约束条件会发生改变，进而影响其经济行为的目标，由长期追求收入增长和稳定转为短期的风险分散和规避，在家庭理性的前提下，通过短期健康投资行为重新配置其家庭资源，最大限度地将个体风险在家庭内部分摊。

二、农户长期健康投资行为的形成机理

农户的长期健康投资行为即预防保健行为，主要包括日常搭配饮食、参与体检、体育锻炼等有利于健康的行为。

当农户遭受健康风险冲击后，出于对身体健康的追求，会采取相应的应对措施来抵御健康风险冲击对家庭的不利影响。首要的选择就是寻求医疗的帮助，希望通过医疗服务减轻病痛、恢复健康。与此同时，会产生对健康重要性的认知及评价，从心理上产生激励并被引导进行某些长期健康投资行为。行为经济学理论告诉我们，一般来说，损失比等量的获益所产生的心理效用

更大，即相同的一样东西，人们失去它所带来的痛苦要大于得到它所带来的快乐（Kahneman et al.，1991）[159]。健康作为一种特殊的商品，通常是个体不需要通过太多努力就可由先天获得，即健康存量。健康的参照点是能否达到工作生活的基本需要，而这是大多健康状态都能够满足的。只有在健康状态不能达到基本需要时，才会有失去的感觉，投资健康的意愿才会变得强烈。而在大多时候，个体没有感觉到健康受到损失，投资健康的意愿非常低。遭受健康风险冲击的农户家庭感受到了失去健康的痛苦，为了规避损失，会更愿意进行长期健康投资行为。我们可以用计划行为理论来分析农户长期健康投资行为的形成，如图 3－2 所示。

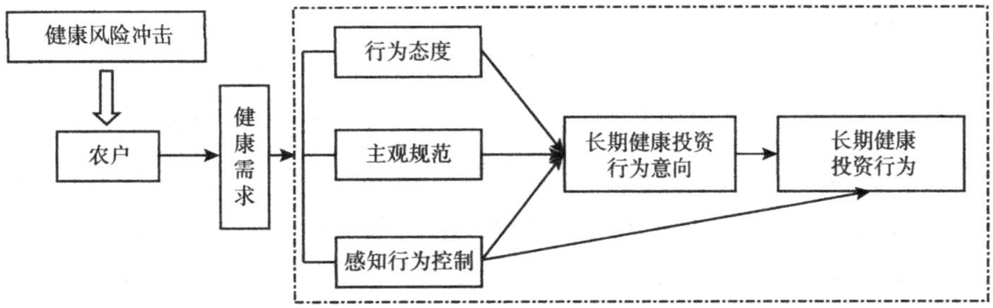

图 3－2 农户长期健康投资行为的形成

计划行为理论，是社会心理学领域中预测和解释人类行为的经典理论。核心内容是个体的行为受行为意向影响，而行为意向又受行为态度、主观规范、知觉行为控制三个变量的影响，三个变量与其对应的三类信念——行为信念、规范信念、控制信念息息相关。农户的任何经济行为都不是凭空产生的，而是在一定的动机和需要驱动下，根据自身条件，在外部环境制约下进行选择的必然结果。当农户遭受健康风险冲击后，会意识到疾病的严重程度和健康的重要性，对长期健康投资行为会持有比较积极的评价，即行为态度较积极；农户的亲戚朋友邻居对健康风险冲击产生了认知，进而也认识到了长期健康投资行为的重要性，那么这种源自外在的积极的主观规范会对农户选择执行长期健康投资行为产生正向影响。

农户出于对身体健康的强烈愿望，对实施长期健康投资行为的难易程度会有某种程度的感知，同时结合家庭具备的资源和能力，就会有针对性地采取某些长期健康投资行为。计划行为理论的核心变量通过影响农户家庭成员的长期健康投资意向，进而对长期健康投资行为产生影响。农户的长期健康投资行为是在遭受健康风险冲击之后，基于认知衡量后作出的理性行为决策。

第二节 农户健康投资行为影响贫困的理论分析

一、农户健康投资行为影响贫困的成本－收益分析

贫困地区的农户受经济因素、地理环境、自然条件等状况的制约，即使在相同的制度背景下，由于生活资源的供给相对贫乏，贫困人口相对集中，导致贫困脆弱性程度较高，应对风险冲击的能力较弱，从而陷入贫困。内蒙古深度贫困地区的农户同样具备这样的特征，大部分农户属于边缘贫困农户。他们的收入达到温饱、产品能够自给并略有剩余，生产技术条件是传统农民和机械化工具并用，在农业生产中使用与依靠的是传统生产要素，处于传统农业和小型规模化农业相结合的阶段。他们随时都会因为疾病、自然灾害或其他而陷入贫困。其中，健康风险是他们面临的最严重的风险之一。

农民的身体健康是保障其从事劳动获取收入之根本，健康人力资本是农民最重要的生计资本。通过健康投资行为可以恢复、维持、提升劳动者的健康人力资本水平，进而提高劳动生产效率，增加收入和家庭的财富水平。但是现阶段，根据实地调研的情况来看，内蒙古深度贫困地区农户的健康投资行为呈现以下特征：偏重于短期健康投资行为（即就医行为），而长期健康投资行为（主要指正向的预防保健行为）却极为缺乏。这导致了较高的因病致贫比率，农户家庭陷入贫困甚至处于长期的贫困状态。

农户的健康投资行为是微观行为，是对健康投资所作出的行为选择。健康投资是一种具有准公共物品特性的经济行为（封岩等，2016；齐雁等，2020）[53,160]。微观角度的健康投资，一方面可以提高健康存量，延长寿命，由此获得较高的经济收益和效用水平；另一方面，由于健康投资可以使人们恢复健康、满足心理的需求，提高生命质量或减少疾病损失，增加整个社会的财富和提高文明程度，从而产生正外部效应。

根据 Grossman（1972）[5]的健康需求理论模型可知，当健康投资的边际

收益等于边际成本时，决定了最优的健康资本，同时也就决定了最优的健康投资。健康投资的直接收益表现为身体健康状况的恢复或改善，间接收益表现为疾病减少，健康时间增加，劳动能力得以恢复，劳动生产率提高，从而收入和家庭财富增加，同时还带来了心理上的效用满足。健康投资的成本也由两部分组成：直接成本和间接成本。直接成本包括家庭用于其成员的医疗支出、保养费用，以及用于各种预防保健方面的费用（包括体检、饮食搭配、锻炼身体）等；间接成本包括家庭患病成员及其他看护人员所损失的收入，表现为一种机会成本。

贫困地区的农户当遭遇健康风险冲击之后，出于对健康的渴望，会寻求医疗的帮助，以求恢复健康。短期健康投资行为即就医行为会产生大额的医疗支出，或者长期的医疗支出，同时由于医疗资源的不均衡，还要承担住宿费、交通费、伙食费等就医成本，这些加起来远远高于家庭年收入。家庭内其他劳动力的收入除了要支付高额医疗费用外，还要支付日常开支，往往是入不敷出的。另外，由于为了方便照顾家庭中的患病者，只能选择就近就医和选择有大量空闲时间的工作，这更会导致收入大幅下降，如此恶性循环，整个家庭收入下降，从而陷入贫困状态。

在贫困地区，健康投资主要是以疾病治疗为主，事先的以预防保健为主的长期健康投资行为并不多。从经济学意义上来讲，人们进行任何一项投资都必然会要求获得收益。当投资产出大于投资成本时，才是有利的、可行的；反之，则是不利的、不可行的。短期健康投资行为是通过对患病者的医治从而恢复健康或者减轻疾病的痛苦，投资的回报在短时间内能够看得到，患病者可以亲身体会医疗带来的健康变化，心理上对这种投资的成本、收益衡量导致其愿意进行短期健康投资行为。而长期健康投资行为更多的是由生活方式和生活习惯组成的，虽然它们可以降低人们的患病率，提高健康水平，但是由于其带来的健康变化是需要长时期显现的，不会像短期健康投资行为那样有立竿见影的效果，因此人们认为成本收益是不对等的，进而导致对长期健康投资行为的忽略和不重视。正因为如此，在内蒙古深度贫困地区，人们的正向长期健康投资行为较少，而负向的长期健康投资行为却较为常见，损害了农村居民的身体健康，导致收入下降、支出的非意愿性上升，从而产生因病致贫。

二、农户短期健康投资行为影响贫困的理论分析

因健康和疾病导致的贫困现已成为农村首要的致贫原因。这种贫困现状不仅仅是农户家庭生活困境的一种表现，已然成为一种普遍的社会现象，并且产生了许多社会问题，比如农村地区物质经济、社会文明发展缓慢，家庭结构残缺，价值观念的落后与畸形等（徐小言，2018）[162]。因此有必要对因病致贫进行理论上的分析和梳理，以期为解决实际问题提供一定的理论视角支撑。本书将短期健康投资行为界定为就医行为。当农户遭遇健康风险冲击之后，会意识到身体健康对于他们的康乐、安宁是至关重要的，此时才会将身体健康作为生活的首要目标，产生对健康的需求，进而寻求医学治疗，即为短期健康投资行为，希望医疗能够使他们恢复健康或者减轻疾病的痛苦。

纳克斯的资本缺乏理论认为，贫困产生的根本原因在于资本的缺乏，因资本缺乏的投资性不足导致社会生产动力缺乏，进而导致劳动者收入水平低下，最终陷入贫困状态。依据纳克斯资本缺乏理论的认知路径，我们结合农户家庭生计资本的变化进行理论分析。农户短期健康投资行为影响贫困的路径如图 3－3 所示。

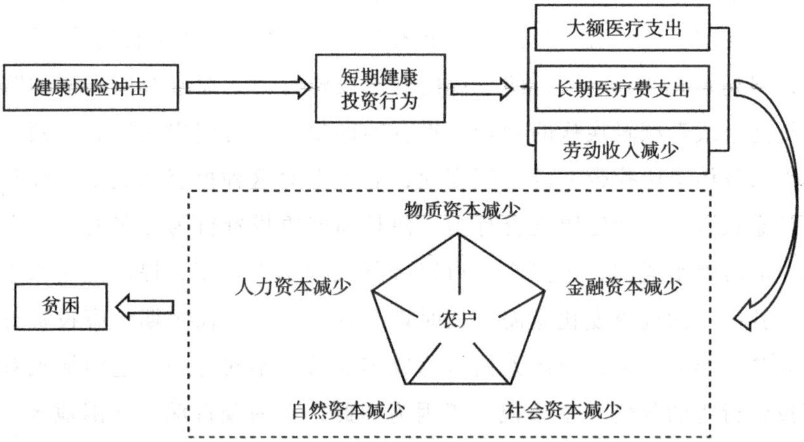

图 3－3　农户短期投资行为影响贫困的路径

健康风险冲击是理论分析的逻辑起点，说明农户家庭遭受了健康风险的负向冲击，在某一特定的时间段内受到了疾病的严重影响。短期健康投资行

为是农户对医疗需求的一种反应，是遭受健康风险冲击之后首要进行的行为选择。该行为的实施，毫无疑问会伴随着大额的医疗支出。鉴于农户收入水平相对较低，即使医疗支出从绝对值上看并不是很多，但也可能超出其承受范围，成为农户沉重的负担。由于我国医疗资源分配不均，除了医疗费，农户就医时还会发生住宿费、交通费、营养费等一系列相关费用，更加剧了农户家庭的负担。如果农户家庭成员患病为长期慢性病，得不到完全的根治，就会导致疾病状况的长期存在，医疗费用的支出成为常态。这些费用的支出直接减少和消耗农户家庭的金融资本。农户在遭遇健康风险冲击之后首选的筹资方式是动用现金和储蓄，它们被用来支付高额医疗费用的现象最为普遍，是农户应对健康风险冲击的主要策略（冯黎 2009，李哲等，2009，李似鸿，2010）[19,163,164]。健康风险冲击直接影响的是农户家庭成员的身体健康状况，疾病使健康人力资本受损，劳动能力下降甚至丧失。如果患病者是家庭主要劳动力，患病期间无法从事生产劳动，会直接导致劳动收入减少，其他家庭成员由于照顾患病者也会减少家庭收入。医疗费用的支出和劳动收入的减少直接冲击到了金融资本，因此金融资本是最先受到影响的资本。

当金融资本不足以应对健康风险冲击时，农户为了筹集大额医疗费用，会采取其他风险应对策略，比如变卖家庭拥有的物质资产，包括用于生产和生活的物资设备以及基础设施。这种应对措施会给患病家庭带来不确定的机会成本损失，尤其是生产性资产的变卖会严重影响农户的生产能力和再投资能力，进一步侵蚀农户家庭的生计资本。

在农户应对健康风险冲击的策略中，亲朋的借款和捐赠行为是基于血缘关系和社会关系为纽带的社会网络而存在，是采用最频繁的应对方式（乔勇等，2009）[165]。由于农户受到的融资约束较为严重，很难从正规金融渠道融资，绝大多数农户只能通过非正规金融渠道融资，农户中发生非正规金融借贷行为的占比达 77.82%（谭燕芝，2017）[166]。虽然这种非正规融资对遭遇健康风险冲击的农户起到了一定的社会保障功能，但是随着借贷对象的不断增加和借款数额的不断提高，这种因个体困境致使共同体内的相当一部分人遭受经济损失的行为，会使借款人可能遭受整个共同体成员在全面社会交往上的漠视和排斥（徐小言，2018）[162]。农户的短期健康投资行为使得社会资本也在不断地被侵蚀。

健康风险冲击使农户家庭某成员的健康状况受损，直接影响的就是健康人力资本。农户为了恢复患病成员的身体健康从而实施了短期健康投资行为，由于产生了大额的医疗支出，影响到整个家庭的生产生活，考虑到家庭的生计状况，相当一部分患者会作出放弃治疗的选择，这会带来人力资本的损失。在调研过程中这种现象比较多见。除了健康人力资本的损失外，遭受健康风险冲击的农户为了大额医疗费用的筹集会有不同程度地减少教育投资行为，甚至出现子女辍学。在家庭经济资源一定的条件下，医疗支出会挤占教育投资，更重要的是有可能出现家庭劳动力的替代，这种影响对子女处于非义务教育学龄阶段的大病农户尤为显著。

农户在遭受健康风险冲击后，患病成员的劳动力部分丧失或完全丧失，经历长期的疾病消耗，缺乏投资能力，客观上无力从事农业劳动，家庭内部其他劳动力可能会转而从事非农劳动，因此对土地等自然资本会进行一定程度的处置，导致整个农户家庭自然资本的减少。

健康风险冲击后的农户家庭，出于对身体健康的追求，实施了短期健康投资行为。这种行为伴随着大额的医疗支出、长期医疗费支出和劳动收入的减少。由于健康风险冲击的时间较长，程度较深，短期健康投资行为始终贯穿全过程，对农户家庭带来的影响也较为深远，主要体现在农户生计资本的状态变化及总量的减少，从而陷入贫困状态。

三、农户长期健康投资行为影响贫困的理论分析

当农户遭遇健康风险冲击，其劳动供给能力很可能受到约束（罗楚亮，2006）[21]，导致其参加经济活动的能力被剥夺，从而带来收入减少和贫困的发生或加剧（彭皓玥，2006）[63]。增加对健康的正向投资，不断改善健康状况，可以显著增加个体的健康存量水平，延长个体参加生产劳动的时间，进而增加个体未来的经济收入（张辉，2017）[167]。农户家庭的收入增长是其摆脱贫困的基本条件。农户的长期健康投资行为通过影响健康状况进而影响农户的贫困状态。

本书将农户的长期健康投资行为界定为预防保健行为。同时根据调研实际情况，为了更全面考察深度贫困地区农户的健康投资行为，本书遵循 Bertoni et al（2018）[104]的研究，将农户的吸烟和喝酒行为纳入长期健康投资行为，作为负向健康投资行为进行分析。

根据 Grossman (1972)[5]的研究，健康投资包括增加消费者的休息时间、购买医疗保健和医药治疗等方面的服务和商品，加强身体锻炼，提高饮食的质量水平，以及改善住宿条件等。大量研究表明，当个人遭遇健康风险冲击后，通过就医行为可以使患病者恢复身体健康或者得到一定程度的改善。如果不考虑收入水平和教育情况，健康状况很大程度上依赖于个人的行为(Henderson，2008)[45]。医疗支出并不是改善健康的唯一手段，其他影响健康状况的因素，包括合理的饮食习惯、加强锻炼身体、良好的生活方式等都会改善健康状况（韦艳等，2017)[37]。比如食物消费和营养水平的提高能够使个人避免因长期营养不良而导致的各种疾病，同时改善了人类体魄和身体结构，增强了人们的抗病能力，降低生病概率，延长个人参与劳动的时间(Fogel，1991 等、Fogel，1994a 等、王弟海，2015)[168－170]。特定的健康水平可以通过各种投入的不同组合来获取。在经济学中，生产被描述成一种说明投入要素是如何被结合在一起制造出的函数关系。不同的长期健康投资行为都会通过健康生产函数产生不同的健康水平。Henderson (2008)[45]认为健康生产函数概括了健康状况和各种促进身体健康的因素之间的相关联系，他将这种关系写成：健康 = H（医疗保健、其他投入、时间)。正向健康投资行为是健康生活方式的重要构成，是促进人们健康水平的最为直接的因素（王甫勤，2015)[171]。与此相对应，主要以吸烟、喝酒为代表的负向健康投资行为对健康的影响较大且持续时间较长。

从已有的研究看，健康与贫困的关系是极其密切而又复杂的。健康水平低下，既是贫困发生的原因，同时又是贫困发生的后果（樊桦，2001)[65]。人们的研究已经证实了健康或疾病是家庭陷入贫困的根源，是长期贫困的重要决定因素（洪秋妹等，2010；Morduch，1995；Dercon，2001;)[87,172,173]。阿玛蒂亚·森（Sen，1981)[174]基于生存能力的定义，认为贫困的减少可以理解为提高营养、健康状况以及教育水平，研究的视角逐渐从宏观转向了微观，学者们认识到了营养和健康对减少贫困、降低贫困发生率的重要性，从而认为健康作为一种人力资本是可以避免农户陷入贫困陷阱的（Zon Van A et al.，2001；Hemmi N et al.，2007；王弟海，2012)[88－90]。从农户收入增长和收入差距缩小的视角来看，健康比教育对农村减贫的作用更加显著（程名望等，2014)[175]。健康作为人力资本，主要是通过增加可劳动的时间（可以健康劳动的天数)，而非主要通过增加生产率来提高收入能力的（赵忠，2006)[153]。

健康的收益来源于两方面：一是直接的货币收益，也就是健康增加导致的生病时间的减少，增加了劳动时间，从而增加了收入，这在我国的农村人口中尤为相关；二是健康进入人们的效用函数，可以直接带来效用，而其他投资品一般只有货币收益。不良的健康水平会导致劳动能力下降，损失劳动时间，进而减少就业机会，同时健康水平下降必然会间接导致其参与经济活动的能力被剥夺，从而带来了收入的减少、家庭的财富水平下降及贫困的发生或加剧。

从上述两方面的阐述和分析可以得出，一般情况下，农户长期健康投资行为对贫困的影响是通过对健康的影响而实现的，具体见图 3－4。正向长期健康投资行为改善了健康状况，健康水平的提高可以使农户恢复劳动能力，增加劳动时间，提高劳动报酬率，从而增加收入并提高家庭的福利水平，消除收入贫困或缓解贫困状态。正向长期健康投资带来的直接效果是身体状况改善和预期寿命增加，劳动者可以投入更多的健康工作时间以提高产量及效率，进而获得更高的收入与效用。负向健康投资行为通过一系列不健康的生活方式，使农村居民的身体健康状况受损，部分或完全丧失劳动能力，损失劳动时间，挤占生产投资费用，甚至影响到子女的教育投资，长期损害家庭的创收能力，最终家庭陷入贫困或贫困状态加剧。

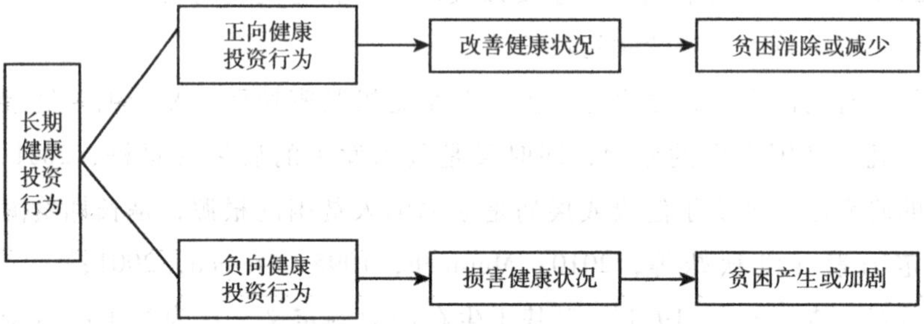

图 3－4　农户长期健康投资行为影响贫困的路径

本章小结

本章主要对农户短期和长期健康投资行为的形成过程进行阐释，在此基础上具体分析了农户健康投资行为影响贫困的路径。基于健康需求理论分析了农户短期健康投资行为，当农户遭遇健康风险冲击之后，会产生对健康的渴望，进而寻求医学治疗，希望医疗能够使他们恢复健康或者减轻疾病的痛苦。运用计划行为理论探讨了农户长期健康投资行为，该理论的核心变量通过影响农户家庭成员的长期健康投资意向，进而对长期健康投资行为产生影响，是农户基于认知衡量后作出的理性行为决策。从成本－收益角度对农户健康投资行为影响贫困进行了经济学的分析。分别结合资本缺乏理论和农户生计资本的变化状况，对农户短期健康投资行为影响贫困的路径进行了分析，得出生计资本的减少会进一步产生贫困。从农户长期健康投资行为影响健康、健康再影响贫困状态两个方面梳理了农户长期健康投资行为影响贫困的具体路径。

第四章　内蒙古深度贫困地区农户健康投资行为现状分析

中国政府主导的扶贫开发战略和自发性的经济增长共同导致了贫困人口的大幅减少，减贫是多种战略、多种因素综合作用的结果。值得肯定的是，有组织的、大规模的、自上而下的扶贫开发战略起到了至关重要的作用，扶贫政策经过多次调整和完善，从大规模的宏观区域扶贫开发逐步转型过渡到针对贫困人口的微观精准扶贫（莫光辉，2016）[176]，有效解决了近7亿农村贫困人口的脱贫任务，截至2019年末农村贫困人口数量已降至551万人，贫困发生率降至0.6%，脱贫攻坚的决胜年已经到来。尽管我国的减贫成绩斐然、扶贫成效卓著，但是问题仍然存在，比如深度贫困问题、相对贫困问题、返贫问题等，因此扶贫开发仍是一项长期任务。

在我国农村的贫困人口中，因病致贫、因病返贫的比例一直以来都居高不下。在各种致贫原因中，因病致贫在各地区都排在首位①，深度贫困地区更是如此。由于长期以来的城乡二元经济结构，导致我国农民的收入和文化水平较低，不良的生活方式以及环境污染长期损害着农民健康，在遭遇健康风险冲击后，疾病治疗可能是短期内产生的最大消费效用（刘畅，2018）[41]，因此形成了主要以新农合医疗保障为主的健康投资模式。新农合虽然增加了农民对医疗服务的需求，但是在制度还存在缺陷的情况下，对降低医疗费负担和改善总体健康状况并没有太大影响（福克斯，2000、陈在余，2016）[38,177]。那么如何在根本上解决因病致贫的问题，如何有效控制不良生活方式导致的健康问题，引起了人们的思考和关注。在“健康中国”的战略背景下，学者

① 数据来源：国家卫生和计划生育委员会网站，http：//www.nhfpc.gov.cn/caiwusi/s7786/201604/cfc6d02a21134e5ebf71bb7f19cb1216.shtml。

们提倡应从预防保健的角度引导农户进行长期健康投资行为，降低农户生病的概率，减轻农户的医疗成本，增强劳动能力，提高健康、收入和福利水平。本章从内蒙古深度贫困地区农村贫困的现状分析入手，对内蒙古深度贫困地区的特征进行归纳概括，并在此基础上着重对农户目前的健康投资行为现状及其原因进行分析总结。

第一节　内蒙古深度贫困地区基本情况

一、内蒙古贫困现状

《2018 中国农村贫困监测报告》和内蒙古自治区扶贫办最新数据显示，全区国家标准下农村牧区贫困人口由 2012 年底的 197.6 万人减少到 2018 年底的 15.24 万人，累计减贫 182.36 万人，贫困发生率由 14.7% 降到 1.06%。全区农村牧区贫困人口人均可支配收入从 2012 年的 5570 元提高到 2018 年的 10965 元，同比增长 11.3%，增速高于全区农牧民平均水平 1.6 个百分点，与全区农牧民平均收入差距进一步缩小。从收入水平来看，比全国贫困地区平均水平高 594 元，增速高于全国贫困地区 0.7 个百分点。在全国 22 个有贫困监测的省份中，内蒙古贫困地区农牧民收入水平排第 7 位，增速排第 6 位（宗哲丽，2019）[178]，详细信息见表 4－1。内蒙古农村牧区贫困人口的大幅减少、农牧民收入水平的提高是政府主导的扶贫开发战略和经济增长共同作用的结果。

表 4－1　　内蒙古农村牧区贫困状况统计

年份	贫困人口	贫困发生率	人均可支配收入/纯收入①
2012	197.6 万人	14.7%	5570 元
2013	157 万人	11.6%	2362 元
2014	119 万人	8.7%	2800 元

① 此处数据获取有困难，鉴于 2014 年开始贫困人口的建档立卡工作以及统计制度改革，用人均可支配收入替代了人均纯收入，因此表中 2013—2015 年是人均纯收入，2016—2018 年是人均可支配收入。资料来源：内蒙古自治区扶贫开发办公室网站，http：//fpb. nmg. gov. cn/。

续表

年份	贫困人口	贫困发生率	人均可支配收入/纯收入①
2015	80 万人	6%	3100 元
2016	55.6 万人	4.1%	9005 元
2017	37.5 万人	3%	9852 元
2018	15.24 万人	1.06%	10965 元

注：作者根据相关资料整理。内蒙古 2011 年调整扶贫标准，农区农民的年人均纯收入由原来的 1560 元上调为 2600 元，牧区牧民的年人均纯收入由原来的 1800 元上调为 3100 元。

尽管内蒙古自治区在扶贫方面卓有成效，但是问题仍然存在，比如深度贫困问题。内蒙古的贫困面主要分布在大兴安岭南麓和阴山南北麓。由于特殊的地理区位，深度贫困旗县主要集中在相对比较偏远地区。这些地区致贫情况比较复杂，再加上农村牧区的人口分布不均衡，自然条件、经济发展、公共服务、民生水平等较差，贫困程度深，脱贫难度较大。深度贫困地区的贫困问题通常表现为整体性贫困状态，农户之间贫困程度相近、生计结构相似。一般的经济增长无法有效带动这些地区的发展。与一般贫困地区相比，深度贫困地区具有区位偏远、资源分散、发展基础薄弱等共性特征。内蒙古深度贫困地区表现出了显著的区域特征，其作为地区或群体性的“慢性贫困陷阱”，主要是由资源禀赋缺陷、投资不足、增长滞缓以及发展失衡、分配不公引发的深度贫困痼疾（贺立龙等，2020）[127]。

二、深度贫困地区和旗县的分布

受历史、地理、自然条件、人文环境、体制制度、经济发展等诸多因素的影响，内蒙古贫困地区的经济社会发展水平一直较低。全区共有 103 个旗县市区，有贫困旗县 57 个，其中国家扶贫开发工作重点县 31 个，自治区扶贫开发工作重点县 26 个，有 8 个国家扶贫开发工作重点旗县列入国家集中连片特困片区。扶贫开发重点旗县占全区旗县区的一半多。2017 年内蒙古自治区在综合测算贫困旗县贫困人口数、贫困发生率、农牧民收入、地区生产总

① 此处数据获取有困难，鉴于 2014 年开始贫困人口的建档立卡工作以及统计制度改革，用人均可支配收入替代了人均纯收入，因此表中 2013—2015 年是人均纯收入，2016—2018 年是人均可支配收入。资料来源：内蒙古自治区扶贫开发办公室网站，http：//fpb. nmg. gov. cn/。

值、财政收入等指标的基础上，统筹考虑自然条件、基础设施、产业发展、农牧民生产生活水平等因素，将有国家特困片区旗县的乌兰察布市8个国贫旗县、兴安盟4个国贫旗县和呼伦贝尔市、赤峰市、锡林郭勒盟各1个国贫旗县确定为全区深度贫困旗县，并确定了258个深度贫困嘎查村，深度贫困人口共计12.9万人。

内蒙古深度贫困旗县的分布呈现出明显的区域特征。中国是一个地域广阔的国家，地区间发展差距非常显著。内蒙古自治区位于中国的北部边疆，横跨东北、华北、西北地区，接邻八个省区，东西直线距离2400公里，南北跨度1700公里，土地国境线长4200公里。东西狭长的独特版图、资源禀赋的差异导致内蒙古区域经济发展的不平衡。在大多数贫困地区，农业生产普遍受到资源和环境的约束，有些贫困地区面临着人口多、耕地少、人均资源占有量贫乏的矛盾，也有些贫困地区存在着耕地虽多却异常贫瘠且缺乏矿产等经济资源。位于燕山—太行山集中连片特困地区的乌兰察布市和大兴安岭南麓集中连片特困地区的兴安盟占据了内蒙古深度贫困旗县的80%，资源禀赋差、群众观念落后、经济发展缓慢。

在表4-2中，我们可以看出，内蒙古深度贫困旗县的具体分布状况，15个深度贫困旗县中，乌兰察布市的8个旗县占比53.33%，兴安盟的4个旗县占比26.67%，这两个盟市的深度贫困旗县共占比80%。贫困人口的分布中，乌兰察布市8个旗县的贫困人口59619人，占比46.19%，兴安盟4个旗县的贫困人口46106人，占比35.72%，这两个盟市的贫困人口共占比81.91%。这些数字充分说明了内蒙古深度贫困的空间集聚性强，呈大区块分布，贫困人口较集中，表现出了显著的区域、群体特征。

表4-2　　　　内蒙古深度贫困旗县名单

盟市	旗县	贫困嘎查村（个）	贫困人口（人）	人均可支配收入（元）
兴安盟（4）	扎赉特旗	21	12859	9157
	科右前旗	21	17249	9230
	科右中旗	28	6349	8592
	突泉县	20	9649	8867
乌兰察布市（8）	察右前旗	21	7316	10236
	察右中旗	27	9750	8134

续表

盟市	旗县	贫困嘎查村（个）	贫困人口（人）	人均可支配收入（元）
乌兰察布市（8）	察右后旗	3	6320	10302
	兴和县	13	8486	8941
	卓资县	10	9555	9963
	四子王旗	13	4832	9937
	商都县	7	7057	9257
	化德县	21	6303	8301
呼伦贝尔市	鄂伦春自治旗	19	5019	8763
赤峰市	巴林左旗	30	17085	9222
锡林郭勒盟	正镶白旗	4	1233	10150
合计	15	258	129062	平均：9270.13

资料来源：内蒙古自治区扶贫办网站，《内蒙古自治区深度贫困地区脱贫攻坚推进方案》，2017.10。

三、深度贫困地区的特征

根据统计数据和实地调研情况，本书将内蒙古深度贫困地区的特征归纳概括如下：

（一）人均可支配收入较低

2018 年《内蒙古统计年鉴》显示，全区居民人均可支配收入 28376 元，全区农村牧区常住居民人均可支配收入为 13803 元。深度贫困地区的农牧民人均可支配收入至 2018 年底突破万元达 10209 元（宗哲丽，2020）[179]。虽然增长较快，但仅占全区居民人均可支配收入的 35.98%，低于全国深度贫困地区农村居民人均可支配收入和集中连片特困地区农村居民人均可支配收入。收入结构中，转移性收入比例较大，接近三成。高比例的转移性收入，造成内生动力不足，使部分贫困人群产生了依赖，而不愿、不想自主脱贫。

（二）贫困人口占比高、贫困发生率相对较高

截至 2018 年末，内蒙古自治区剩余贫困人口约 15 万人，深度贫困地区贫困人口占全区剩余贫困人口总数的 86.04%。部分深度贫困旗县贫困发生

率在5%左右，比如四子王旗5%、商都县5.15%、突泉县6.3%。其他深度贫困旗县的贫困发生率也都高于全区贫困发生率，比如察右前旗1.47%、兴和县1.97%、巴林左旗2.5%。

（三）气候、土壤等自然条件较为恶劣，自然灾害频发

深度贫困地区的自然条件相对恶劣，比如兴安盟科右中旗，土地沙化情况较为严重，有明显沙化趋势的土地面积达265万亩[①]，土地上根本无法生长任何植物。乌兰察布市察哈尔右翼后旗干燥少雨、风大沙多，多数地区地表水资源较少，地下水资源贫乏，耕地资源条件较差。恶劣的地理环境对这些区域的发展造成了屏障性影响。深度贫困地区的自然灾害频发，乌兰察布市经常遭受干旱、风雹、洪涝、生物灾害等多种自然灾害的侵袭，尤其旱灾影响较大，一旦遭遇干旱，将颗粒无收。而且局部洪涝并存，如2019年6月，内蒙古四子王旗境内普降暴雨，局部地区达到特大暴雨量级，造成人畜死亡、农作物受损、房屋倒塌等财产损失，给农牧民的生产和生活带来严重影响。

（四）有少数民族聚居区

兴安盟科右中旗，25.5万人口中蒙古族人口约占86.6%，是全区蒙古族人口比例最高的少数民族聚居旗，属于典型的蒙古族聚居区。由于交通闭塞，长期的地域性封闭成为其经济发展严重滞后的主要原因。科右前旗总人口约40万人，其中农业人口33万人，由蒙、汉、满、朝鲜等13个民族构成，其中蒙古族人口占45%，是一个以蒙古族为主体，汉族为多数的少数民族边境旗。多数蒙古族农牧民对外界信息了解较少，语言不通，文化程度低，贫困程度较深，脱贫难度较大。

（五）农业人口占比高

位于燕山—太行山集中连片特困地区的乌兰察布市商都县总人口34.2万人，其中农业人口26.3万人，占比76.9%；兴和县总人口33.2万人，其中

---

① 内蒙古兴安盟科右中旗政府网站："走进中旗之中旗概况"。

农村人口 25.3 万人，占比 76.2%；察右前旗总人口 25.4 万人，其中农村人口 20.4 万人，占比 80.31%。位于大兴安岭南麓集中连片特困地区的兴安盟科右前旗总人口约 40 万人，其中农业人口 33 万人，占比 82.5%。锡林郭勒盟正镶白旗总人口 7.3 万人，其中农村牧区人口 5.6 万人，占比 76.71%。由于生态环境脆弱，农业生产条件严酷，农业生产力较低，再加上人们文化程度较低、内生脱贫动力较弱、依靠小规模分散经营的基本生产方式等，严重制约了农牧民的持续增收，生活比较贫困。

（六）基础设施和住房条件较差

深度贫困地区的基础设施和公共服务供给严重不足，且建设难度更大，成本更高。内蒙古的深度贫困旗县普遍存在农田水利、田间道路等生产性基础设施极度落后的问题，无法为农业生产发展提供配套支撑，由此导致只能维系生产效率较低的传统生产方式。深度贫困旗县的贫困村中，村内道路、入户路、危房需要维修和重建。内蒙古贫困人口居住分散，供水条件差，饮水安全工程人均成本高。深度贫困地区普遍面临公共卫生基础设施落后、医疗资源匮乏、医疗卫生人员流失严重以及医疗信息不畅、资金不足等问题。深度贫困地区医疗服务体系建设比较滞后，这制约了互联网医疗的快速发展，也阻碍了深度贫困地区脱贫的速度。

（七）因病致贫比例高

因病因残致贫人数占内蒙古全区贫困人口的 53.64%，是第一大致贫因素（2017 年数据），其中 15 个深度贫困旗县的因病致贫比率大都在 50% 以上，超过了全国的平均水平。长期患病者、残疾人、孤寡老人等特殊困难群体和自身发展动力不足的贫困人口比例高，成为内蒙古深度贫困地区的显著特征。兴安盟是典型的老少边穷地区，是大兴安岭南麓集中连片特困地区，全盟现有的 4.9 万贫困人口中，因病致贫的占 67%。乌兰察布市因病致贫农户比例占 53.87%。因病致贫农户通常会丧失或部分丧失劳动能力，不能通过劳动获得收入，而医疗费用又居高不下，有的甚至债台高筑。因为长期积累的医疗费用和长期生病压得喘不过气来，这类贫困户自身无精力和信心摆脱贫困。在深度贫困的特征中，我们需要特别关注因病致贫问题。

第二节　深度贫困地区农户因病致贫情况分析

一、深度贫困地区农户的患病情况分析

根据对受访者的调研，导致农村牧区居民因病致贫的疾病可能是突发性的重大疾病，如癌症，也可能是病程较长且病情迁延不愈的长期慢性疾病。我们对深度贫困旗县因病致贫的调研是以户为单位的，由于受访农户的患病类型往往同时存在两种甚至两种以上，比如受访者本人患有长期慢性病，配偶患有大病，或者受访者本人患有大病，两个女儿上学，其中一个残疾等，无法直接精确统计出患病类型的比重，只能根据受访者的患病类型组合估计。从患病类型比重的角度来看，长期慢性病的比重最高，比如高血压、糖尿病、脑供血不足、中风等；大病重病的比例次之，比如恶性肿瘤、脑梗、脑溢血等；地方病和意外伤害、残疾的比例较低。受访农户所报的地方病主要是布鲁氏菌病，俗称“布病”，是内蒙古的地方病之一，乌兰察布市四子王旗、察右后旗以及兴安盟四个深度贫困旗县的部分受访农户患有此病。

二、深度贫困地区农户因病致贫的原因分析

因病致贫的原因主要有因病丧失劳动力和自付医疗费用过高（汪辉平，2016）[8]。通过对受访户因病致贫原因的分析，平均值中这两种原因都有的比重是最高的，因病丧失劳动力和自付医疗费用过高的比重稍有差异，详见表 4－3。不同地区的比重有所不同，乌兰察布市四个深度贫困旗县中，卓资县、察右后旗、兴和县因病丧失劳动力的比重较高，由于这三个旗县的因病致贫农户的年龄偏大，50 岁以上的比例达到了 72%，其中 60—69 岁的占到了 37%，年龄偏大的同时又患病因而丧失了劳动力。因病致贫户很大一部分致贫原因是每年自付医疗费用过高，如果去外地就医，还要承担住宿费、交通费、伙食费等就医成本，这些加起来远远高于家庭年收入。家庭内其他劳动力的收入除了要支付高额医疗费用外，还要支付日常开支，往往是入不敷

出。另外，由于为了方便照顾家庭中的患病者，他们只能选择就近、有大量空闲时间的工作，这更会导致收入大幅下降，如此恶性循环，致使整个家庭收入下降，从而长期处于贫困。

表 4-3　　因病致贫原因统计

调研旗县	因病丧失劳动力致贫（%）	自负医疗费用过高（%）	两种原因都有（%）
卓资县	47.2	27.7	25
兴和县	48	18	34
察右后旗	61.1	13.8	25
四子王旗	12.5	37.5	50
突泉县	10.5	34.2	55.2
扎赉特旗	11.4	40	48.5
科右前旗	23.5	32.3	44.1
科右中旗	20	66.6	13.3
巴林左旗	31	27.5	41.3
平均	29.5	33.1	37.4

决定自付费用高低的一个关键因素在于报销比例，目前农村牧区居民参与最多的医疗保险就是新农合，参合率高达99%。新农合规定了某些医疗费用的限定金额，也对门诊和住院的报销比例做出了相应规定，但受访户反映的实际报销比例都远低于这些规定比例，导致自付医疗费用过高。

第三节　内蒙古深度贫困地区农户的健康投资行为现状分析

根据 Henderson（2008）[45]健康经济学的健康投资定义以及研究需要，本书将健康投资行为界定为：在特定生活环境及资源禀赋既定条件下，农户为了减轻或避免疾病对家庭或个人的侵袭，维持其劳动能力，对医疗和非医疗措施所做的消费和投资选择。依据这一定义，本书将健康投资行为分为短期健康投资行为和长期健康投资行为，前者主要指因病就医，通过就医恢复患病者的身体健康；后者主要指预防保健，即采取各种措施，包括日常体检、健康饮食、体育锻炼等，促进健康水平的提高。分类的标准不是投资的时间长短，而是投资所取得的收益时间长短。短期投资行为侧重于追求短期内的健康效果，长期投资行为侧重于追求长期的健康效果。根据上一章的文献综述，农户的健康投资行为涵盖了健康投资水平和具体的健康投资行为，因此在对贫困农户健康投资行为的现状进行分析之前，下面首先对农户健康投资水平的总量及结构进行分析。

一、健康投资水平呈增长趋势

对健康投资行为的研究，大多数学者实际上是从健康投资水平的角度展开的。Grossman（1972）[5]的健康需求模型中也假定健康投资主要是医疗保健的投入。健康投资水平代表了农户家庭一定时期内对健康的投资金额，包含的范围较广，如医疗费用、非医疗的一些消费支出，因此数据较难获取。相关文献大多用统计年鉴或卫生统计年鉴中的医疗保健支出及卫生费用代替健康投资（顾雪兰等，2017、张芬，2017）[57,180]，如果研究对象是农户家庭，即用农村住户居民家庭人均消费支出中的医疗保健支出衡量健康投资水平[65-71]。或许因为数据的可获得性，医疗保健支出一直都是衡量健康投资最主要的一个指标。健康投资水平反映了健康投资行为的一个方面，即从货币角度衡量健康投资行为。

（一）健康投资水平的总量呈增长趋势

由于旗县的农村居民人均医疗保健支出数据难以获得，因此本书用内蒙古2012—2018年的数据进行纵向比较，并和全国水平做对比。医疗保健支出反映了农民将其收入分配于医疗卫生服务的多少，即农民健康投资水平的多少。考虑到医疗保健支出的增加可由两方面的因素引起，一是医疗保健购买量的增加；二是医疗保健价格水平的增加。因此本书借鉴学者们的通常做法，在进行医疗保健支出的纵向比较时，剔除价格变动因素的影响，以实际的人均医疗保健支出水平作为比较依据，真实、客观地反映出由医疗保健购买量增加所引致的健康投资的增加量。表4-4是内蒙古和全国2012—2018年农村居民人均医疗保健支出水平的变动情况，我们主要关注经过价格调整后的实际医疗保健支出水平。

表 4-4　　农村居民人均医疗保健支出

年份	内蒙古名义人均医疗保健支出（元）	内蒙古各年价格指数	内蒙古实际人均医疗保健支出（元）	全国名义人均医疗保健支出（元）	全国各年价格指数	全国实际人均医疗保健支出（元）
2012	588.87	100.0	588.87	513.81	100.0	513.81
2013	830.70	101.8	816.01	613.90	101.8	603.05
2014	1114.40	101.7	1095.77	753.90	101.7	741.30
2015	1117.70	102.8	1087.26	846.00	102.8	822.96
2016	1187.70	102.5	1158.73	929.20	102.5	906.54
2017	1653.80	104.2	1587.14	1451.20	104.2	1392.71
2018	1847.50	103.7	1781.58	1685.20	103.7	1625.07

数据来源：2012—2018 年《中国统计年鉴》，其中各年价格指数是以 2012 年为基期的各年医疗保健类价格指数，能够客观反映医疗价格变动的方向和幅度，来自农村居民消费价格分类指数。

表 4-4 的数据说明 2012—2018 年内蒙古农村居民人均医疗保健支出总体上呈增长趋势，和全国的趋势基本保持一致。如果横向比较的话，内蒙古每一年的农村居民人均医疗保健支出都要高于全国水平。内蒙古 2018 年的名义支出比 2012 年增长了 3.137 倍，年均增长率达到 20.99%，剔除价格因素的影响后，实际支出 2018 年比 2012 年增长了 3.025 倍，年均增长率为 20.26%。

图 4-1 能够更加直观地看出，内蒙古农村居民人均医疗保健支出的总体增长趋势，并和全国的趋势基本保持一致。表 4-4 中按照价格指数调整后的实际医疗保健支出水平，和名义的差距较小，实际和名义的增长率也差异不

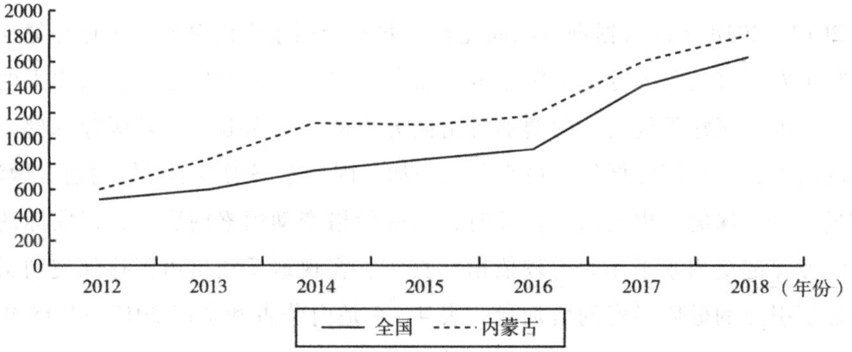

图 4-1　农村居民人均医疗保健支出趋势

大，这就说明了农村居民人均医疗保健支出的增长不是由医疗保健价格水平的上升引起的，而是由医疗保健购买量增加引起的。这和我国实施的医疗卫生体制改革政策密切相关，对医疗保健价格的有效调控，使改革的红利惠及了更多农村老百姓。

（二）健康投资水平占消费和收入的比重呈上升趋势

表4－5对2012—2018年内蒙古和全国的农村居民人均医疗保健支出占人均消费支出和人均可支配收入的比重进行了对比，图4－2中显示了变化趋势。可以看到，农村人均医疗保健支出占消费支出的比重总体来讲呈上升趋势，占人均可支配收入的比重同样也呈上升趋势。内蒙古的这两项比重都高于同期全国水平。2012—2018年内蒙古农村居民人均可支配收入的平均增速达10.47%，基本接近全国的平均增速10.81%。究其原因，与我国近年来的经济飞速发展是分不开的。随着经济总量的扩大，我国也逐步推动经济的高质量发展，取得了社会主义现代化建设的历史性成就。在综合国力与日俱增的背景下，一系列关系到农村居民收入和生活水平的政策相继出台，精准扶贫、脱贫攻坚、乡村振兴使农村居民开始逐渐摆脱贫困，收入增速较快，生活水平得到极大改善。随着农村居民生活水平的逐渐提高，对生活的需求不仅仅停留在食品等物质层面的支出上，而是逐渐扩大到了精神生活及身体的健康保健层面，自身的医疗保健意识也随之增高，出现了消费升级的现象，这也是农村居民人均医疗保健支出不断上升的原因之一。

表4－5　农村居民人均医疗保健支出占消费支出和可支配收入的比重

年份	内蒙古				全国			
	农村居民人均消费支出总额（元）	占消费支出比重（%）	农村居民人均可支配收入（元）	占可支配收入比重（%）	农村居民人均消费支出总额（元）	占消费支出比重（%）	农村居民人均可支配收入（元）	占可支配收入比重（%）
2012	6381.97	9.23	7611.31	7.74	5908.02	8.70	7916.58	6.49
2013	7268.30	11.43	8595.70	9.66	6625.50	9.27	8895.90	6.90
2014	9972.20	11.18	9976.30	11.17	8382.60	8.99	10488.90	7.19
2015	10637.40	10.51	10775.90	10.37	9222.60	9.17	11421.70	7.41

续表

年份	内蒙古				全国			
	农村居民人均消费支出总额（元）	占消费支出比重（%）	农村居民人均可支配收入（元）	占可支配收入比重（%）	农村居民人均消费支出总额（元）	占消费支出比重（%）	农村居民人均可支配收入（元）	占可支配收入比重（%）
2016	11462.60	10.36	11609.00	10.23	10129.80	9.17	12363.40	7.52
2017	12184.40	13.57	12584.30	13.14	10954.50	13.25	13432.40	10.80
2018	12661.50	14.59	13802.60	13.39	12124.30	13.90	14617.00	11.53

数据来源：2012—2018 年《中国统计年鉴》。

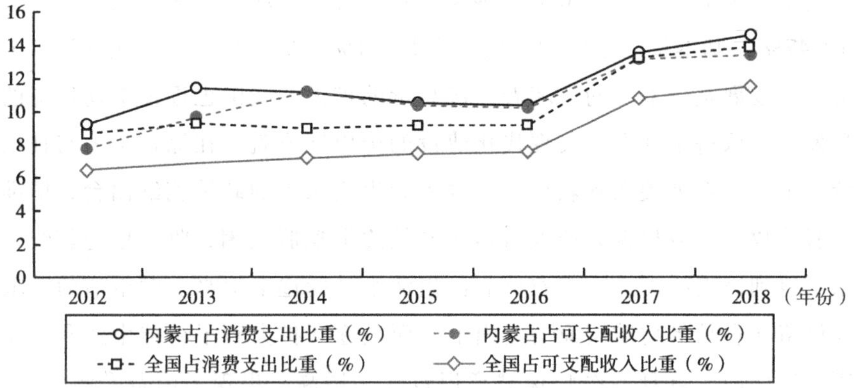

图 4－2　农村居民人均医疗保健支出占消费和收入比重的趋势

二、偏重于短期健康投资行为

自 20 世纪 90 年代以来，疾病已经成为导致中国农村贫困的最重要因素之一。健康风险冲击是大多数农户陷入贫困的关键致因（王文略等，2015）[7]。当农户遭遇健康风险冲击后，其资源禀赋和约束条件会发生改变，进而影响其行为目标，由长期追求收入增长和稳定转为短期的风险分散和规避，在家庭理性的前提下，通过一系列经济行为重新配置其家庭资源。短期健康投资行为，即就医行为成为农村居民抵御健康风险冲击时重要的风险缓解策略之一。

按照一般的行为逻辑，只有当人们健康状况受损后才会产生对医疗服务的需求，医疗服务是对健康的投入之一，因而医疗需求是一种引致需求（Grossman，1972）[5]。农户也不例外，符合一般的行为逻辑。对就医行为的研究，学者们主要集中于是否就医、就医方式和就医机构的选择、医疗费用水平等方面。贫困农户的就医行为选择过程可以归纳为是否就医、就医方式选择和就医机构选择。

（一）深度贫困地区农户就医行为统计

我们采用行为经济学对个体行为的测量手段，即设置为“是否”问题，直接对某一行为测量“有”还是“没有”。本书在农户短期健康投资行为即就医行为的测量中采用二分类变量的形式，有就医行为为1，没有就医行为为0。通过在问卷中设置问题“您或其他家庭成员患病后，最近一年住院治疗的时间有多长?”衡量就医行为，答案分为5—10天、10—20天、20—30天、一个月以上和没有住院治疗。同时，为了更加全面地考察农户的健康风险冲击状况和就医行为，借鉴高梦滔、姚洋（2005）[20]的做法并结合实地调研情况，在问卷中设置问题“您或其他家庭成员患病后，最近一年的医疗支出是否在5000元以上?”进一步衡量就医行为，这样也是为了获得简化、可操作的数据。在调研的农户样本中，有住院治疗行为的同时，医疗支出又在5000元以上的，视为就医行为为1，否则为0。

在调研样本中，发生就医行为的农户家庭数量和贫困农户样本数量有些许出入，这是因为一小部分贫困农户在最近一年没有住院治疗过，而一部分非贫困农户在最近一年发生了住院治疗行为。农户就医行为的统计见表4-6。调研样本中发生就医行为的农户比例是60.5%，说明深度贫困地区农民的健康水平普遍偏低，患病的概率较大，一旦遭遇健康风险冲击，就会选择医疗的帮助以恢复健康水平或缓解疾病的痛苦。由于患病会带来负的效用，医疗支出可以提高健康水平，从而直接影响消费者的效用（封进，2009）[152]。农民对医疗效用的认识比对预防保健服务或产品的效用认识要深刻得多，除医疗之外的预防保障消费需求不能形成较高的弹性需求，因此形成了对医疗消费的依赖，从而导致因病就医的比率居高不下（刘畅，2018）[41]。

表4-6　　就医行为频率统计

就医行为	频率	百分比（%）
0	209	39.5
1	320	60.5
总计	529	100.0

从表4-7可以看出，在有就医行为的农户样本中，男性比例居多，年龄特征中，50—59岁的比例最高，整体上40—69岁的比例占到了90%，是农村的主要劳动力；从教育水平上来看，小学及以下受教育程度的比例偏高，说明深度贫困地区农村居民的受教育水平整体偏低，受教育程度低的农民健康水平也偏低；从目前的居住现状分析，与老伴儿及儿女同住的比例最高，从某种程度上反映了核心家庭对就医行为的影响；仅与老伴儿同住的比例也较高，说明贫困地区农村的年轻的劳动力外出务工的现象较为普遍。

表4-7　　不同农户特征下的就医行为

农户特征	分组情况	就医行为	
		有就医行为（%）	无就医行为（%）
性别	男	66.6	63.2
	女	33.4	36.8
年龄	40—49岁	28.1	32.5
	50—59岁	32.8	31.6
	60—69岁	29.1	30.6
	70—79岁	9.1	5.3
	80岁以上	0.9	0.0
受教育程度	小学及以下	39.1	25.8
	初中	37.2	41.1
	高中/中专/技校	19.7	28.7
	大学（本科/专科）及以上	4.1	4.3
目前的居住现状	独居	4.4	3.3
	仅与父母同住	3.8	5.7
	仅与老伴儿同住	37.5	31.1
	与老伴儿及父母同住	15.6	14.8
	与老伴儿及儿女同住	38.8	45.0

（二）深度贫困地区农户就医时间统计

通过表4－8对有就医行为农户就医时间的统计，可以得知住院时间分布在5—10天和10—20天的比例是最高的，这和调研样本中长期慢性病居多的现实情况是吻合的。慢性疾病，可以定义为不能够完全治愈的疾病，既不会完全康复也不会很快病逝，随着年龄的增长，慢性病开始成为农民的主导医疗需求，需要不定期的去医疗机构进行检查、住院等，花费的就医时间也较长。

表4－8 有就医行为农户就医时间统计

就医时间	频率	百分比
5—10天=1	108	33.75
10—20天=2	104	32.50
20—30天=3	60	18.75
一个月以上=4	48	15.00
总计	320	100.0

（三）深度贫困地区农户的就医方式分析

从调研旗县因病致贫农户的就诊方式来看（见表4－9），选择去专业的医疗机构正式就医的占比非常高，说明因病致贫农户的就医意愿非常强烈，并且付诸了较高的就诊率。健康风险的冲击导致农民身体健康受到损害，使农民产生了对医疗的需求，进而选择求医问药。选择非正式治疗（即自行购药、民间偏方等）的比重较低，说明我国的经济增长、教育发展和农村牧区医疗保障体系的完善促进了农民对医疗的理解，健康投资意识有所增强。还有一些因病致贫农户同时选择了正式治疗和非正式治疗方式，因为其患病类型存在两种或两种以上，很多情况都是长期慢性病和大病重病并存与一个家庭之中，病程较长，久久无法痊愈，在向专业医疗机构寻求帮助的同时，还会采取一些非正式治疗的方式，比如长期自付费用打针吃药，或者抓草药调理身体等。

表 4-9　　各地区因病致贫农户的就医方式及比重

调研旗县	正式治疗（%）	非正式治疗（%）	正式、非正式并用（%）
卓资县	91.7	5.6	2.7
四子王旗	80	7.5	12.5
察右后旗	88.9	5.6	5.5
兴和县	92	4	4
科右前旗	76.4	8.8	14.7
科右中旗	78.2	6.9	14.9
扎赉特旗	80.3	12.7	7
突泉县	71	18.4	10.5
巴林左旗	82.7	10.3	7
平均	82.36	8.87	8.77

（四）深度贫困地区农户的就医机构分析

本书通过在问卷中设置"您家离最近的医疗站或卫生所有多远?"衡量农户的医疗可及性，该指标反映了医疗卫生服务地理位置的方便程度，能够充分说明农户就医时能否及时得到相应的医疗卫生服务，在一定程度上体现了医疗卫生服务的公平性。表 4-10 是对医疗可及性指标均值及频率的描述性统计。从表 4-10 中可以看出，农户在就医时，15 分钟以内可到达卫生所或医疗站的比例是 60.1%，15—30 分钟可到达的比例是 27.2%，这两项占比达 87.2%，说明现阶段农村地区的基本医疗卫生服务水平有所提高，农户在生病时能够及时得到初步的诊断和治疗，可以缓解一些疾病的痛苦。

表 4-10　　医疗可及性描述性统计

指标	频率	百分比（%）	均值	标准偏差
15 分钟以内可到达 =1	318	60.1	1.56	0.789
15 分钟—30 分钟 =2	144	27.2		
30 分钟—1 个小时 =3	51	9.6		
1 个小时以上 =4	16	3.0		

我们还需对农户的就医机构选择进一步分析。根据因病致贫农户就医机构数据的分析，大多数选择县级和市级（包括省级）医院，比如乌兰察布市

四子王旗，到首府呼和浩特市的距离是到乌兰察布市集宁区的一半，因此人们会选择到呼和浩特市的省级医院就医，同时考虑到医院的医疗条件比较完备，医生的医疗水平相对较高。兴安盟的科右前旗距离乌兰浩特市非常近，因此农牧民选择去市级医院的较多。再比如，巴林左旗调研样本中选择县级医院的占多数，由于其距离赤峰市 250 多公里，驾车需要 3 个多小时，距离较远，因此在患病后会首先选择县级医院。选择省外就医的较少，主要原因还是省外就医各项开支较大，经济承受能力无法满足。

在选择就医机构时，农户考虑的主要因素有距离近、新农合报销的定点医院、有亲戚或熟人、医生服务态度好，而医疗服务和药品价格低、看病手续简便、有信任的医生等不作为主要的考虑因素。“距离近”成为深度贫困因病致贫农户选择就医机构的重要因素。此外，较大一部分受访者选择就医机构时会考虑新农合的定点报销医院，说明新农合的政策效果得到了一定的体现，他们对新农合的政策认知程度以及信任度还是较高的，都希望新农合能帮助他们抵御疾病风险，减少疾病导致的贫困。人们选择“有亲戚或熟人”这一因素，充分说明了我国是一个人情社会，人情关系存在于城市、乡村的各个角落，是人们对信任和情感的一种寄托。对“医生服务态度”的考虑体现了近年来随着经济、教育和文化的发展，消费有了更加多元化的选择，人们的自我意识在增强，希望得到更多的理解和尊重，尤其良好的医患关系在当今社会被人们越来越重视。

三、长期健康投资行为较为缺乏

健康是最重要的人力资本，是第一财富。从经济学的角度讲，健康可以被描述成一种说明投入要素是如何被结合在一起制造出的函数关系。具体而言，健康生产函数概括了健康状况和各种促进身体健康的因素之间的相互联系（Henderson，2008）[45]。即健康 = H（医疗保健、其他投入、时间）。当医疗支出数额增长时，健康状况得到改善。然而，当更多的支出花费在医疗上时，健康状况的增量变化却在下降，用经济学原理解释就是符合最终边际收益递减规律，因此医疗支出并不是改善健康的唯一手段。也有一些研究表明，医疗水平的差异并不是各国健康状况差异的主要原因（Muurinen & Le Grand，1985）[181]，非医疗因素或许在促进身体健康方面更为重要。长期健康投资行为即预防保健行为①作为非医疗行为主要是通过日常体检和健康的生活方式来降低生病或生大病的可能性，在现有健康水平的基础上进一步提高健康存量。简而言之，预防保健具有“未雨绸缪”之功，医疗则起到“亡羊补牢”之效。从这个意义上讲，应该增加以预防和保健为主的长期健康投资行为，做到真正的防患于未然。

长期健康投资行为与健康关系密切，但和短期健康投资行为即就医行为有很大区别，在收入水平和教育程度较低时，预防保健的重要性时常会被忽视（封进，2009）[152]。尤其在贫困地区，健康投资绝大部分都是以疾病治疗这种事后投资行为体现出来，事先的长期健康投资行为并不多。从经济学意义上来讲，家庭收入水平、受教育程度、年龄，甚至性别这些因素只是对长期健康投资产生影响，并不能起决定性作用，因为人们进行任何一项投资都必然会要求获得收益。当投资产出大于投入时，才是有利的、可行的；反之，则是不利的、不可行的。短期健康投资行为是通过对患病者的医治从而恢复健康或者减轻疾病的痛苦，投资的回报在短时间内能够看得到，患病者可以亲身体会医疗带来的健康变化，心理上对这种投资的成本 - 收益衡量导致其愿意进行短期健康投资行为。而长期健康投资行为更多的是由生活方式和生活习惯组成的。虽然它们可以降低人们的患病率，提高健康水平，但是由于其带来的健康变化是需要长时期显现，不会像短期健康投资行为那样有立竿见影的效果，因此人们认为成本 - 收益是不对等的，进而导致对长期健康投资行为的忽略或不重视。

（一）深度贫困地区农户长期健康投资行为的衡量方式

根据健康投资行为的概念以及内蒙古深度贫困旗县农户的特点，并参考了中国健康与营养调查（CHNS）的调研要素，本书的长期健康投资行为包括：饮食的合理搭配行为、锻炼身体行为、参加体检行为，这些都是正向长期健康投资行为。为了从多个维度考察农户的长期健康投资行为，还将吸烟、喝酒这些不良嗜好纳入负向健康投资行为进行综合估计。

行为经济学对个体行为的测量最直接的手段为“是否”问题，即对某一行为直接测量“有”还是“没有”，故本书在农户长期健康投资行为的测量

① 本书的“预防”和“保健”含义相同，均指为了降低生病概率而采取的一系列措施。

中采用二分类变量的形式。设置的问题有：您家是否合理搭配饮食？您及其他家庭成员是否锻炼身体？您及其他家庭成员是否体检？您及其他家庭成员是否吸烟？您及其他家庭成员是否喝酒？同时辅助一些题目以便于更好地对农户长期健康投资行为进行描述，包括：合理搭配饮食中农民的饮食口味、吃肉和蔬菜的习惯、饮食结构等，锻炼身体行为中的锻炼次数和锻炼方式，参与体检中的体检频率，吸烟和喝酒行为中的数量、种类、次数等，以及是否戒过烟。

合理搭配饮食行为综合考虑受访农户家庭的饮食习惯及饮食结构，如果受访农户的选择满足其中两项比较合理的饮食习惯，比如农户如果同时选择了吃饭口饭很淡和每天都吃新鲜蔬菜，即认为其实施了合理搭配饮食行为，记为 1，否则记为 0。锻炼身体行为用“您及其他家庭成员是否锻炼身体?”衡量，如果受访农户选择了“是”并且有一种锻炼方式，即认为其实施了锻炼身体行为，记为 1，否则记为 0。参与体检行为用“您及其他家庭成员是否体检?”衡量，此处的体检是指自费体检。由于体检在农户的日常生活中是不经常发生的，因此仅用一个问题来衡量，如果选择“是”即记为 1，否则记为 0。

农户吸烟和喝酒行为变量的设置参考 Hiroyuki Motegi et al（2020）[44]的做法，并结合调研实际，用“您及其他家庭成员是否吸烟?”表示受访者是否有吸烟行为，如果选择“是”的话，再结合受访者每天的吸烟量来衡量吸烟行为。根据调研情况，受访农户平均每天的吸烟量为 18.7 支，因此如果受访者有吸烟行为，并且每天的吸烟量达到 20 支（1 盒）即记为 1，否则记为 0；如果用“您及其他家庭成员是否喝酒?”表示受访者是否有喝酒行为，如果选择“是”的话，再结合每周的喝酒频率共同反应受访者的喝酒行为。如果受访者几乎每天都喝或每周 3—4 次，那么将其喝酒行为记为 1，否则记为 0。

（二）深度贫困地区农户长期健康投资行为描述性统计

1. 全样本农户长期健康投资行为现状

表 4－11 给出了调研的深度贫困旗县全部农户长期健康投资行为的描述性统计分析，表 4－12 对每个行为的频率及百分比进行了统计。

表4-11　　全样本农户健康投资行为描述性统计

指标	样本量	最小值	最大值	均值	标准偏差
合理搭配饮食	529	0	1	0.46	0.499
锻炼身体	529	0	1	0.51	0.500
参加体检	529	0	1	0.42	0.493
是否吸烟	529	0	1	0.58	0.493
是否喝酒	529	0	1	0.54	0.499

表4-12　　全样本农户健康投资行为频率及百分比描述

指标	变量赋值	频率	百分比（%）
合理搭配饮食	1	245	46.3
	0	284	53.7
锻炼身体	1	269	50.9
	0	260	49.1
参加体检	1	220	41.6
	0	309	58.4
是否吸烟	1	309	58.4
	0	220	41.6
是否喝酒	1	285	53.9
	0	244	46.1

由表4-11的统计可知，深度贫困旗县农户的长期健康投资行为中，3个正向健康投资行为的均值是0.46，其中参加体检的均值相对较低，选择不进行体检的比重达到58.4%，表明深度贫困旗县农户的预防保健意识还不强；调研过程中有些农户提到“不得病不体检”，反映了人们的健康投资意识相当淡薄，一旦遭遇健康风险冲击，只能借助于事后的医疗措施。选择锻炼身体的比重是50.9%，和不锻炼身体的比重基本一致，差异不大。但是进一步分析，在选择锻炼身体的样本中，偶尔锻炼的比重占到了76.2%，经常锻炼的很少，锻炼的方式中选择走步和跳广场舞的居多。锻炼行为存在着参与人数不多、锻炼的次数和时间少等问题。当问到农民锻炼身体的时候他们谈到“做营生替代”“没病不锻炼，有病才锻炼”，说明了农民锻炼的意识较差，真正的锻炼行为较为缺乏。合理搭配饮食行为中选择“0”的占比为53.7%，再结合辅助问题进一步分析，大部分农户的饮食结构较为单一，乌

兰察布市深度贫困旗县的农户主要以白面和莜面、土豆和肉类为主，蛋类、杂粮类较少，除了夏天有些自种的蔬菜以外，其余季节新鲜蔬菜和水果很少吃。从营养角度来讲，深度贫困旗县农户合理搭配饮食、保持营养和膳食平衡的意识还是不强。吸烟喝酒的比例均超过 50%，有的农民烟龄达到 40 年，甚至 50 多年，可以说是抽了一辈子烟、喝了一辈子酒。

2. 贫困农户长期健康投资行为现状

表 4－13 给出了调研的深度贫困旗县贫困农户长期健康投资行为的描述性统计分析，表 4－14 对每个行为的频率及百分比进行了统计。

表 4－13　　贫困农户健康投资行为描述性统计

指标	样本量	最小值	最大值	均值	标准偏差
合理搭配饮食	328	0	1	0.37	0.484
锻炼身体	328	0	1	0.44	0.497
参加体检	328	0	1	0.31	0.464
是否吸烟	328	0	1	0.66	0.473
是否喝酒	328	0	1	0.61	0.488

表 4－14　　贫困农户健康投资行为频率及百分比描述

指标	变量赋值	频率	百分比（%）
合理搭配饮食	1	122	37.2
	0	206	62.8
锻炼身体	1	144	43.9
	0	184	56.1
参加体检	1	102	31.1
	0	226	68.9
是否吸烟	1	218	66.5
	0	110	33.5
是否喝酒	1	201	61.3
	0	127	38.7

由表 4－13、表 4－14 分析可知，深度贫困旗县因病致贫农户的长期健康投资行为中，3 个正向健康投资行为的均值是 0.37，低于全样本均值，其中参加体检的均值最低，选择不进行体检的比重达到 68.9%，表明深度贫困旗县贫困农户的预防保健意识较差。调研过程中我们发现，贫困农户在得病

之前参加过自费体检的少之又少，除了经济能力的制约以外，他们还提到“体检出毛病可操心了”“身上不难受的厉害就抗的哇”“不得病不体检”，这是典型的讳疾忌医、鸵鸟心理，反映了贫困农户的健康投资意识较差。选择进行体检的比重是31.1%，大多都是一二年体检一次，并且都是家中子女或亲戚带着去的。内蒙古于2017年出台了健康扶贫工作推进方案，以旗县（市、区）为单位，为建档立卡贫困人口开展免费健康体检，根据体检结果进行分类分批治疗。这有助于疾病的早发现、早治疗，能够减少健康风险对农户的负面冲击。但是这些措施对于已经患病的贫困农户来说就是一种事后措施了，同时，免费体检大多都是常规检查项目，只能起到初步的预防保健作用，对大病、重病的预防作用还稍显不足。

合理搭配饮食的均值为0.37，也低于全样本均值，选择“0”的占比为62.8%，说明人们还未意识到合理搭配饮食对身体健康的重要性。选择锻炼身体的比重是43.9%，在选择锻炼身体的样本中，经常锻炼的比重只有22.9%，而偶尔锻炼占到了77.1%，选择的锻炼方式男性就是走步，而女性较多选择跳广场舞，村里的健身器材使用率较低，真正的体育锻炼行为很少，大多认为干营生、干活儿就是锻炼行为。吸烟、喝酒的比例均超过了60%，烟龄、酒龄大多较长，有的农民平均每天的吸烟量达到两盒。当谈到是否戒过烟时，有些贫困农民说“现在身体有病了，戒了”“一难受就戒了，一好了就又抽了”。值得注意的是，贫困农民都能意识到吸烟、喝酒会影响身体健康，但是即使意识到了长期的健康风险，仍然会罔顾健康风险而深陷其中，深层次的原因需要进一步探索和研究。

3. 非贫困农户长期健康投资行为现状

表4-15给出了调研的深度贫困旗县非贫困农户长期健康投资行为的描述性统计分析，表4-16对每个行为的频率及百分比进行了统计。

表4-15　　非贫困农户健康投资行为描述性统计

指标	样本量	最小值	最大值	均值	标准偏差
合理搭配饮食	201	0	1	0.61	0.489
锻炼身体	201	0	1	0.62	0.486
参加体检	201	0	1	0.59	0.494
是否吸烟	201	0	1	0.45	0.499
是否喝酒	201	0	1	0.42	0.494

表 4－16　　非贫困农户健康投资行为频率及百分比描述

指标	变量赋值	频率	百分比（%）
合理搭配饮食	1	123	61.2
	0	78	38.8
锻炼身体	1	125	62.2
	0	76	37.8
参加体检	1	118	58.7
	0	83	41.3
是否吸烟	1	91	45.3
	0	110	54.7
是否喝酒	1	84	41.8
	0	117	58.2

由表 4－15、表 4－16 分析可知，深度贫困旗县非贫困农户的长期健康投资行为中，3 个正向健康投资行为的均值是 0.61，高于全样本均值，其中锻炼身体的比重最高达 62.2%，锻炼的方式也比较多样化，通常能结合两种以上的锻炼方式，锻炼次数也较为频繁，说明非贫困农户的运动意识相对较强。参加体检的行为占比是 58.7%，合理搭配饮食的占比也超过了 60%，说明非贫困农户有较好的长期健康投资意识，健康观念比贫困农户要超前一些。吸烟、喝酒的比例相对也要低，无论是从数量上还是从频率上，差别都不是太大。如果考虑性别的话，那么大多数男性都有吸烟、喝酒的行为。

非贫困农户长期健康投资行为整体上要优于贫困农户。究其原因，经济能力是最主要的影响因素。他们相对于贫困农户来说，收入状况相对要好，生活压力相对轻一些。同时，我们发现非贫困农户的整体受教育程度比贫困户高，身体健康自评状况从整体上来看也要好于贫困户。

第四节　内蒙古深度贫困地区农户健康投资行为现状的原因分析

我们可以将深度贫困地区农户的健康投资行为现状概括为：健康投资水

平虽有所上升，但主要还是医疗支出居多；偏重于短期健康投资行为；长期健康投资行为较为缺乏。主要原因概括如下。

一、深度贫困地区农户的绝对收入水平偏低

通过统计调研样本农户的家庭年收入数据，我们发现内蒙古深度贫困地区农村牧区的收入水平还是偏低。为了便于统计分析，我们将农户的家庭年收入数据进行分组，从表 4 - 17 可知，全样本农户家庭年收入分布在 12000 元以下的占比最高为 44.9%，12000—24000 元的占比 27.6%，60000—72000 元的收入区间占比最低，为 1.51%。

表 4 - 17　　全样本农户家庭收入描述性统计

家庭年收入（元）	数量（户）	占比（%）	最小值	最大值	均值	标准偏差
(0, 12000]	239	45.18	1400	12000	8335.46	2225.50
(12000, 24000]	146	27.60	12030	24000	16297.80	3204.66
(24000, 36000]	49	9.26	24250	36000	30728.73	3142.34
(36000, 48000]	54	10.21	36280	47950	42267.04	3608.55
(48000, 60000]	33	6.24	48670	59870	54563.79	3760.63
(60000, 72000)	8	1.51	62500	71452	66626.50	3741.80

为了对比贫困和非贫困农户的收入水平，分别对贫困和非贫困农户的家庭年收入进行分组统计，从表 4 - 18 看到，处于 5000—10000 元区间的贫困户数最多，占比 40.85%，还有 9.15% 的贫困农户家庭年收入位于 5000 元以下，这部分贫困农户大多是独居老人，又身患疾病，无劳动能力，依靠国家救济度日。

表 4 - 18　　贫困农户家庭收入描述性统计

家庭年收入（元）	数量（户）	占比（%）	最小值	最大值	均值	标准偏差
(0, 5000]	30	9.15	1400	5000	4177.27	915.11
(5000, 10000]	134	40.85	5030	10000	8217.37	1324.19
(10000, 15000]	114	34.76	10044	15000	12182.95	1541.31
(15000, 20000]	38	11.59	15230	20000	17365.87	1580.18
(20000, 25000)	12	3.66	20400	24980	21791.67	1422.40

表4－19显示，非贫困农户家庭年收入水平明显高于贫困农户，占比最高的收入区间是30000—45000元，45000—60000元的比例也较高，家庭中有劳动能力的人数多少直接决定了收入水平的高低。

表4－19　　　　非贫困农户家庭收入描述性统计

家庭年收入（元）	数量（户）	占比（%）	最小值	最大值	均值	标准偏差
（0，15000]	29	14.43	4500	14890	9964.28	2536.03
（15000，30000]	47	23.38	15600	29800	22554.47	4532.56
（30000，45000]	65	32.34	30200	45000	36680.74	4278.86
（45000，60000]	52	25.87	45300	59870	51559.52	5011.70
（60000，75000）	8	3.98	62500	71452	66626.50	3741.80

在收入水平的制约下，农民往往将食、住等基本生活需求置于优先考虑的地位，较为忽视长期健康投资对改善自身福利的重要性，尽可能地压低在预防保健方面的支出，这一点在低收入人群中表现得更为突出。第五次卫生调查报告显示，农村低收入人口需住院未住院的比例为20.7%，其中因经济困难需住院而住院的比例为13%，突出反映了农民收入水平偏低的状况。

二、农村的公共健康投资不足

健康投资按照投资主体分为公共健康投资和私人健康投资。公共健康投资泛指政府、社会公共部门等对社会医疗保健等方面的投入，其对推动全民健身和医疗卫生事业发展，提升国民健康素质，促进社会和谐发展具有积极作用（张芬等，2017）[180]。美国经济学家Fisher早在1909年就有分析，他在提交给美国国会的“国家健康报告”中指出，健康是国家的财富，增加健康方面的投入能减少疾病损失，并有利于经济的增长。考虑到数据的可得性，并参考以往文献，本书用卫生费用衡量公共健康投资水平，通过查阅《中国卫生年鉴》和《中国卫生和计划生育统计年鉴》① 得到每年的城乡卫生总费用数据，2019的年鉴中只能查到2016年之前城市和农村的数据，因此本书

① 2014年，国家卫生和计划生育委员会决定将《中国卫生年鉴》和《中国人口和计划生育年鉴》两本年鉴合编，更名为《中国卫生和计划生育年鉴》。

的分析也截止到2016年。从表4－20的数据可以看到，虽然卫生总费用的总额、城市和农村的投资金额均呈增长趋势，但是从结构上来看，农村卫生总费用的比重远远低于城市，仅占城市比重的三分之一，充分说明了农村公共健康投资水平严重不足。

表4－20　　　　全国城乡卫生费用总额及比重

年份	总额（亿元）	城市（亿元）	比重（%）	农村（亿元）	比重（%）
2012	28119.00	21280.46	75.68	6838.54	24.32
2013	31668.95	23644.95	74.66	8024.00	25.34
2014	35312.40	26575.60	75.26	8736.80	24.74
2015	40974.64	31297.85	76.38	9676.79	23.62
2016	46344.88	35458.01	76.51	10886.87	23.49

表4－21的数据显示，内蒙古城市与农村居民的人均卫生费用差额较大，呈现逐年递增的趋势，凸显出城乡公共健康投资的差距。究其原因，城市居民的收入增长速度快于农村地区农民的收入增长速度，加之城市居民的健康投资意识更强，因而城市居民用于卫生健康的人均支出费用大于农民的支出水平。

表4－21　　　　全国城乡人均卫生费用及差额

年份	城市（亿元）	农村（亿元）	差额（亿元）
2012	2999.3	1064.8	－1934.5
2013	3234.1	1274.4	－1959.7
2014	3558.3	1412.2	－2146.1
2015	4058.5	1063.6	－2994.9
2016	4471.5	1846.1	－2625.4

从表4－22中数据可知，随着社会经济发展和人民生活水平提高，内蒙古的卫生总费用逐年攀升，特别是自新医改启动以来，增长速度更加显著，但较之全国和一些发达地区，仍有相当大幅度的差距，需努力改善（于彩霞等，2017）[182]。人均卫生总费用虽高于全国同期水平，但是卫生总费用中的个人现金卫生支出占比却要高出全国平均水平，由此说明内蒙古居民个人卫生负担仍然较为沉重（于彩霞等，2019）[183]。

表 4 – 22　　内蒙古卫生费用总额及人均数据统计

年份	总额（亿元）	全国（亿元）	人均（亿元）	全国人均（亿元）
2012	619.03	28119.0	2486.2	2076.7
2013	698.86	31669.0	2798.1	2327.4
2014	712.00	35312.4	2842.5	2581.7
2015	829.3	40974.6	3302.8	2980.8
2016	919.9	46344.9	3638.3	3351.7

三、健康风险冲击使农户改变了消费偏好

当农户遭遇了健康风险冲击之后，出于对健康的需求，农户在综合考虑收入情况、医疗价格等因素后，会对是否就医和就医机构进行选择。从上述深度贫困旗县农户健康投资行为的现状分析来看，目前农户偏重于短期健康投资行为，即就医行为，调研样本中 60% 的农户都有就医行为。究其原因，我们认为：一是健康风险冲击使农户产生了对健康的强烈需求，由于在农村地区，大多农民从事的都是体力劳动，健康是最重要的人力资本，一旦健康受损，就会影响劳动能力，损失劳动时间，进而影响家庭收入和收入能力，因此农民对医疗产生了强烈的依赖，此时的医疗需求就是一种缺乏弹性的消费行为，再加上近年来国家的扶持政策使农民的收入不断提高，过去贫困人口在生病后不去就医或者没有医疗支出的普遍状况已经大为改善。二是健康风险冲击改变了农户的消费偏好。我们借助图 4 – 3[①] 来说明改变的情况。

图 4 – 3 展示了不同健康状况下的消费者偏好。健康的消费者有相对平缓的无差异曲线，除了看病之外将收入用于购买其他商品，导致了 U_1 的效用水平；当遭受了健康风险冲击，就表现出了比较陡峭的无差异曲线，此时相对于购买其他商品，消费者把看病就医放在了更加重要的位置，增加了就医行为，降低了用于购买其他商品的花费，在 B 点达到了均衡。图 4 – 3 的基本原理告诉我们，当农户遭遇健康风险冲击，由于对医疗效用的认识要深刻得多，将会改变消费偏好，进而增加就医行为。

① （美）詹姆斯・亨德森：《健康经济学》（向运华、钟建威、季华璐、颜韬译），北京：人民邮电出版社 2008 年版。

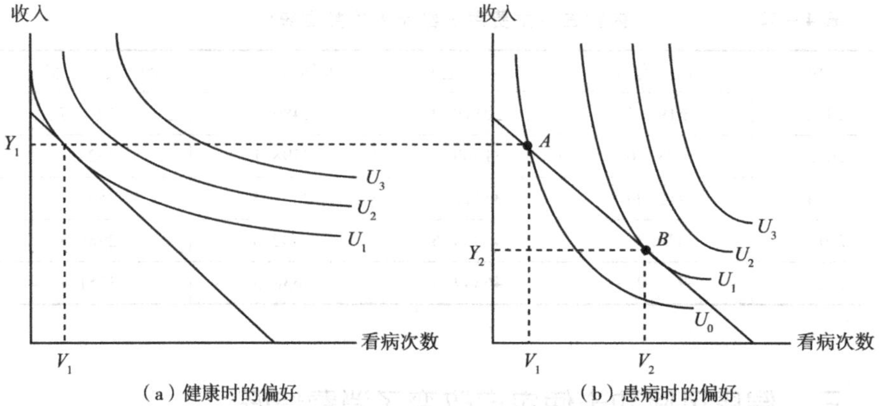

图 4-3 不同健康状况下的消费者偏好

四、健康投资收益的不确定性导致长期健康投资行为的缺乏

长期健康投资行为主要就是坚持健康的生活方式，包括合理搭配饮食，少盐少油，多运动，少饮酒，及时参加体检等。深度贫困旗县农户的患病种类中长期慢性病占比较高，病程较长，又很难恢复，因此导致因病致贫。在现代社会中，日益蔓延的慢性病需要人们采取更加有效的长期健康投资策略。但是为什么调研样本农户的长期健康投资行为却比较缺乏呢？除了经济因素的影响之外，更多的是人们思想意识和认知的影响。健康是一种特殊的人力资本，具有先天获得性与损失规避效应，行为经济学的理论告诉我们损失比等量的收益产生的心理效用更大（刘欢等，2009）[184]。当健康没有损失时，对其投资意愿会非常低，进而影响投资行为。从经济学角度看，健康的边际价值对长期健康投资行为有重要影响，这源于对健康长期投资的收益是不确定的，相比与医疗服务的消费，长期健康投资不能马上改善个体的健康状况，存在时间的滞后效应。因此会导致个体更加注重当前的满足，严重忽略未来的需要，进行长期健康投资的可能性降低。处于深度贫困旗县的农户，并不是对长期健康投资一无所知，大部分反而能够认识到健康风险，对吸烟、喝酒的危害也很清楚。但是由于健康资产的特殊性、健康投资收益的不确定性，再加上农村缺乏健康教育，农民本身的执行力也较弱，导致农户长期健康投资行为的缺乏。

本章小结

本章从贫困人口总量及收入的角度分析了内蒙古自治区农村牧区的贫困现状，重点阐述了内蒙古深度贫困地区和旗县的分布，并从人均可支配收入、贫困发生率、自然资源、气候条件、农业人口等七个方面分析了其深度贫困的特征。

本章以529份深度贫困农户的调研样本作为数据库，其中包括328份因病致贫农户和201份非贫困农户，对内蒙古深度贫困地区因病致贫农户的总体数量、患病情况（患病类型）、因病致贫原因进行了统计分析，内蒙古深度贫困地区因病致贫比率大都在50%以上，超过了全国的平均水平；患病类型中长期慢性病的比重最高，大病重病的比例次之。因病致贫的原因中因病丧失劳动力和自付医疗费用过高都选择的占比最高，不同地区的比重有所不同。

本章用内蒙古2012—2018年的农村居民人均医疗保健支出数据作为健康投资水平的替代变量，进行纵向比较，并和全国的同期水平作对比。值得注意的是，当剔除价格因素的影响后，内蒙古实际的农村居民人均医疗保健支出增长率和名义的差异不大。农村居民人均医疗保健支出的增长不是由医疗保健价格水平的上升引起的，而是由医疗保健购买量增加所引致的。从健康投资水平的结构来看，内蒙古农村人均医疗保健支出占消费支出的比重总体来讲呈上升趋势，占人均可支配收入的比重同样也呈上升趋势。

本章用529份内蒙古深度贫困旗县农户的调研样本对健康投资行为进行了剖析。从就医时间、就医方式、就医机构等方面对因病致贫农户的短期健康投资行为，即因病就医行为进行了分析，发现人们还是普遍依赖于事后的医疗措施；从合理搭配饮食、参加体检、锻炼身体、是否吸烟、是否喝酒五个方面比较了贫困农户和非贫困农户的长期健康投资行为，研究发现贫困农户的长期健康投资意识较差，各种长期健康投资行为都比较欠缺；无论贫困户还是非贫困户，吸烟喝酒的比例都比较高，即使意识到长期的健康风险隐患，还是会选择这种偏好。最后从四个方面对深度贫困地区农户健康投资行为现状的原因进行了剖析。

第五章　调研基本信息统计及农户健康投资意愿与行为分析

近年来，随着经济社会的快速发展，城乡居民健康水平持续提高，人们对健康的重视程度愈来愈强。2018 年中国卫生总费用占 GDP 百分比为 6.4%，其中个人卫生支出占卫生总费用的比重为 28.7%①，并呈现出逐年递增的趋势。但是各种预防性的健康投资行为却非常稀缺，尤其在农村地区。由于预防是从病因学的角度通过直接降低患病率和死亡率的方式来间接降低卫生费用的，所以，其效果更长远、更明显、意义更重大。因此本章基于内蒙古深度贫困地区 9 个旗县的调研数据，以 529 个深度贫困地区的农户为研究对象，对其健康投资行为的影响因素进行分析，以期为深度贫困地区农户健康投资行为选择、降低因病致贫概率提供相应的政策支持。

计划行为理论中“意愿”是行为的前项。个体只有具备了投资意愿，才有可能实施投资行为。本书的主要调研对象是因病致贫的农户，在其遭遇到健康风险冲击之后，源于对健康的强烈渴望和美好追求，短期健康投资行为即就医行为就成为其抵御健康风险冲击的重要策略，同时由于产生大额的医疗支出，也可能对家庭收入获取能力造成负面冲击，导致农户陷入贫困。按此逻辑，调研对象已经付诸实施了就医行为，就医意愿必然已经产生，再去研究其就医意愿和就医行为的关系已无太大必要，因此本章运用二元 Logit 模型直接对农户就医行为的影响因素展开分析。鉴于内蒙古深度贫困地区农户的长期健康投资行为较少，尤其是正向的长期健康投资行为更为缺乏，因此本章遵循计划行为理论中意愿对行为影响的分析框架，运用双变量 Probit 回

---

① 国家卫生健康委员会官网：《2018 年我国卫生健康事业发展统计公报》，http：//www.nhc.gov.cn/，2019 年 5 月 22 日。

归模型讨论农户长期健康投资意愿和行为的影响因素。

第一节　数据来源与调查问卷内容

一、数据来源

本书所用数据来源于2019年6月、8月和2020年1月对内蒙古自治区深度贫困旗县农户的微观调查，先后实地调研了3个盟市。调查组采取分层随机抽样的方式在每个旗县中随机抽取乡（镇）、村进行调查。分层抽样的方法可以概括为以下步骤：

首先，将内蒙古15个深度贫困旗县确定为调研范围。2017年，内蒙古自治区在综合测算贫困旗县贫困人口数、贫困发生率、农牧民收入、地区生产总值、财政收入等指标的基础上，统筹考虑自然条件、基础设施、产业发展、农牧民生产生活水平等因素，将有国家特困片区旗县的乌兰察布市8个国贫旗县、兴安盟4个国贫旗县和呼伦贝尔市、赤峰市、锡林郭勒盟各1个国贫旗县共15个旗县确定为全区深度贫困旗县。调查组成员对内蒙古涉及深度贫困旗县的盟市进行资料收集与考察，并考虑到兴安盟和乌兰察布市的深度贫困旗县数量较多，最终从15个深度贫困旗县中选取了9个调研旗县。由于内蒙古从东北向西南斜伸，呈狭长形，东西长约2400公里，按照东中西的传统区域划分，东部区域选取兴安盟4个旗县，中东区域选取赤峰市1个旗县，西部区域选取乌兰察布市4个旗县。需要说明的是，截止到2017年，锡林郭勒盟正镶白旗的贫困嘎查村有4个，贫困人口有1233人，贫困人口的人均可支配收入为9222元，而赤峰市巴林左旗的贫困嘎查村有30个，贫困人口有17085人，贫困人口的人均可支配收入为10150元，赤峰市的贫困程度更深，因此没有选取中部的锡林郭勒盟，而是选取了中东部赤峰市巴林左旗作为调研区域。

其次，在开展调研前，调查组都会提前与所在旗县的扶贫办取得联系，并进行调研和访谈，了解旗县各乡镇的贫困情况，然后根据各乡镇的贫困情况选取乡镇（苏木）和行政村（嘎查）进行具体调研。

最后，从行政村（嘎查）中随机调研548家农户，发放问卷548份，最终收回的有效问卷数为529份，有效率为96.53%，详见表5－1。由于选取的调研对象主要是因病致贫的农户，为了发现因病致贫农户健康投资行为的差异性，并在研究过程中进行对比，样本由两部分组成，贫困农户和非贫困农户。样本分布较广，具有一定的代表性，有效样本的区域分布见表5－1。

表5－1　调研旗县及样本数统计

调研盟市	调研旗县	调研乡镇	调研村	有效样本数	占比（%）
乌兰察布市	卓资县	卓资乡	和平村	20	3.78
			印堂子村	18	3.40
		巴音锡勒	大庙村	16	3.02
	兴和县	赛乌素镇	赛乌素村	20	3.78
			田家营村	23	4.35
		店子镇	店子村	15	2.84
			喇嘛营村	15	2.84
	察右后旗	贲红镇	刘五村	25	4.73
			新胜村	27	5.10
	四子王旗	吉生太镇	白林地	23	4.35
			海卜子	25	4.73
		库伦图镇	高台村	20	3.78
兴安盟	突泉县	六户镇	红旗村	26	4.91
		东杜尔基镇	五四村	16	3.02
			六合村	18	3.40
	科右前旗	阿力得尔苏木	杨家屯嘎查	25	4.73
			红光村	30	5.67
	科右中旗	巴彦胡硕镇	团结屯	17	3.21
			义和塔拉村	20	3.78
		新佳木乡	沙卜台村	19	3.59
	扎赉特旗	胡尔苏木	小红光村	21	3.97
			丰屯村	15	2.84
		沙日格台镇	毛利屯村	20	3.78
赤峰市	巴林左旗	巴音勿拉乡	要尔亚村	26	4.91
		白音诺尔乡	伊斯日格村	29	5.48
合计				529	100

二、调查问卷内容

本书调查问卷的主要内容包括：受访者及家庭基本特征、农户家庭因病致贫的状况、家庭收入信息、受访者家庭健康投资意愿、短期健康投资行为、长期健康投资行为及日常生活习惯、健康风险及健康投资的认知等信息，具体见表5-2。

表5-2　调查问卷内容

项目	内容
一、受访者个人及家庭基本信息	性别、年龄、民族、家庭的主要劳动力人数、户主的文化程度、居住现状、身体健康自评状况
二、受访者家庭因病致贫特征	是否为建档立卡贫困户、因病致贫情况、家庭成员患病名称、因病致贫的原因
三、受访者家庭收入及医疗支出信息	家庭收入的主要来源及金额、家庭最近一年的总收入、家庭参加了哪些医疗保险、门诊费用和住院费用及报销比例
四、受访者及家庭健康投资意愿	健康投资总意愿、就医意愿、锻炼身体意愿、合理搭配饮食意愿、参加日常体检意愿
五、受访者及家庭短期健康投资行为	就医方式、就医机构、就医机构选择的因素、医疗卫生可及性、最近一年住院治疗的时间
六、受访者及家庭长期健康投资行为及日常生活习惯	是否体检、体检频率、是否合理搭配饮食、饮食习惯、是否锻炼身体、锻炼次数和方式、是否吸烟和喝酒、对健康风险的认知等

三、调查问卷数据的信度、效度检验

鉴于本书主要数据用二分变量和李克特五点量表衡量，因此要对测量题目进行信度（Reliability）和效度（Validity）检验，其中信度是效度的前提条件。信度是指测验结果的一致性、稳定性及可靠性，通过信度系数指标来反映量表的一致性程度。信度系数值在0—1之间，系数越高说明测验的结果越一致、越稳定、越可靠。效度是指测验结果的有效性和正确性，对测量侧目进行KMO（Kaiser-Meyer-Olkin）和Bartlett球形检验。KMO值在0—1之间，KMO值越大，表明变量相关系数越高，实际分析中，KMO值在0.7

以上时效果比较好；Bartlett 球形检验中，Sig 小于 0.05 时，表明显著性水平通过检验，说明问卷效度较好。

本章的关键变量是农户的健康投资意愿和行为，其中短期健康投资意愿和行为衡量的是就医意愿和行为，属于单一维度，无法进行信度和效度检验。长期健康投资意愿和行为通过合理搭配饮食、参与日常体检、体育锻炼、吸烟和喝酒行为五个维度衡量，因此表 5-3 和表 5-4 主要对农户的长期健康投资意愿和行为量表进行信度和效度检验。

表 5-3　　农户长期健康投资意愿数据信度效度检验

测量题项	成分	因子载荷	KMO	Bartlett 球型检验	Alpha
合理搭配饮食	0.650	0.636	0.735	0.000***	0.625
参与日常体检	0.668	0.651			
体育锻炼	0.649	0.656			
吸烟	0.661	0.683			
喝酒	0.725	0.728			

注：*** 表示在 1% 水平上显著。

表 5-4　　农户长期健康投资行为数据信度效度检验

测量题项	成分	因子载荷	KMO	Bartlett 球型检验	Alpha
合理搭配饮食	0.639	0.683	0.785	0.000***	0.694
参与日常体检	0.687	0.656			
体育锻炼	0.650	0.636			
吸烟	0.668	0.651			
喝酒	0.725	0.728			

注：*** 表示在 1% 水平上显著。

由表 5-3 和表 5-4 的检验结果可知，农户长期健康投资意愿和行为量表的克隆巴赫 Alpha 信度系数为 0.625 和 0.694。如果问卷是全新的，Alpha 信度系数值大于 0.5 即可认为是合格的（Hatcher，1994）[185]，因此测量题项的信度值在可接受范围内。KMO 值均大于 0.7，根据 Kaiser（1974）[186] 的判断标准，若范围在 0.70—0.79，则可以接受；Bartlett 球型检验的 Sig < 0.05，在 1% 水平上显著，表明测量题项适合做因子分析，五个测量题项因子载荷均大于 0.5 且归为同一因子，表明能较好地反映受访农户长期健康投资意愿

和行为变量，效度较好，通过检验。

通过对调查问卷中农户的长期健康投资意愿和行为测量题项进行信度和效度检验，可以说明问卷中关键数据的质量是可信、可靠的。

四、样本基本特征

（一）全样本农户个体及家庭特征描述

农户个体特征包括性别、年龄、民族、是否户主、受教育程度、身体健康自评状况。家庭特征包括家庭的主要劳动力人数、目前居住现状。从全样本农户个体及家庭特征描述性统计可知，调查农户以男性居多，年龄介于50—59岁为主，多见为汉族，受教育程度整体较低，均值位于初中学历以下，身体健康自评状况相对较差，均值处于“差”到“一般”之间，这和调研对象的特点有关。调研样本中农户家庭目前的居住现状，与父母同住及与老伴儿同住所占比例较大，符合目前农村牧区的现状，见表5-5。

表5-5　全样本农户个体及家庭特征描述性统计

指标	变量赋值	最小值	最大值	均值	标准差
性别	男=1，女=0	0	1	0.65	0.48
年龄	40—49=1，50—59=2，60—69=3，70—79=4，80以上=5	1	5	2.17	0.96
民族	汉族=1，少数民族=0	0	1	0.65	0.48
是否户主	是=1，否=0	0	1	0.63	0.48
受教育程度	小学及以下=1，初中=2，高中/中专/技校=3，大学（本科/专科）及以上=4	1	4	1.98	0.86
身体健康自评	很好=5，较好=4，一般=3，差=2，较差=1	1	5	2.41	0.94
家庭主要劳动力人数	劳动力的实际人数	0	6	1.76	1.06
目前居住现状	独居=1，仅与父母同住=2，仅与老伴儿同住=3，与老伴儿及父母同住=4，与老伴儿及儿女同住=5	1	5	2.41	0.94

从表5-6可以得知，在529个有效农户样本中，有65.2%为男性，年龄为50—59岁的比例最高，60—69岁的比例略低，但也基本接近50—59岁的比例，说明内蒙古农村牧区的人口老龄化程度相对较高。从调查对象的个体特征来看，较大的年龄与较低的受教育水平等较为符合当前中国农村的实际情况，这也在一定程度上表明本书抽样具有一定的代表性（Pan et al. 2017; Smith and Siciliano 2015）[187,188]。家庭主要劳动力人数分布的均值为1.76，家庭内1个和2个劳动力所占比重最高。值得注意的是，劳动力为0的家庭也占一定的比重，体现了我国农村劳动力非农转移的现状，大量中青壮年外出上学、务工，留在农村的大多是贫困的老龄人口。例如，内蒙古乌兰察布市农村牧区60周岁以上老年人有37.4万人，占全市老龄人口的73%，再加上疾病的困扰，很多家庭已经丧失或部分丧失了劳动力。

表5-6　全样本农户个体及家庭特征频率及百分比描述

指标	变量赋值	频率	百分比（%）	累积百分比（%）
性别	1	345	65.2	65.2
	0	184	34.8	100.0
年龄	40—49岁=1	158	29.9	29.9
	50—59岁=2	171	32.3	62.2
	60—69岁=3	157	29.7	91.9
	70—79岁=4	40	7.6	99.4
	80岁以上=5	3	0.6	100.0
民族	汉族	343	64.8	64.8
	蒙古族	183	34.6	99.4
	满族	2	0.4	99.8
	回族	1	0.2	100.0
是否户主	1	333	62.9	62.9
	0	196	37.1	100.0
受教育程度	小学及以下=1	179	33.8	33.8
	初中=2	205	38.8	72.6
	高中/中专/技校=3	123	23.3	95.8
	大学（本科/专科）及以上=4	22	4.2	100.0

续表

指标	变量赋值	频率	百分比（%）	累积百分比（%）
身体健康自评	较差 =1	81	15.3	15.3
	差 =2	217	41.0	56.3
	一般 =3	185	35.0	91.3
	较好 =4	24	4.5	95.8
	很好 =5	22	4.2	100.0
家庭主要劳动力人数	0	71	13.4	13.4
	1	119	22.5	35.9
	2	239	45.2	81.1
	3	72	13.6	94.7
	4	22	4.2	98.9
	5	5	0.9	99.8
	6	1	0.2	100.0
目前居住现状	独居 =1	81	15.3	15.3
	仅与父母同住 =2	217	41.0	56.3
	仅与老伴儿同住 =3	185	35.0	91.3
	与老伴儿及父母同住 =4	24	4.5	95.8
	与老伴儿及儿女同住 =5	22	4.2	100.0

（二）贫困农户个体及家庭特征描述

调研样本中贫困农户个体及家庭特征描述性统计，如表 5－7 所示。受访者以男性居多，受访对象年龄相对较大，受访者的受教育程度普遍偏低。受访贫困农户目前居住现状调查显示，仅与老伴儿同住的户数是最多的，这也符合我们农村劳动力转移以及人口老龄化的现状。

表 5－7　　贫困农户个体及家庭特征描述性统计

指标	变量赋值	最小值	最大值	均值	标准差
性别	男 =1，女 =0	0	1	0.66	0.47
年龄	40—49 =1，50—59 =2，60—69 =3，70—79 =4，80 以上 =5	1	5	2.18	0.96
民族	汉族 =1，少数民族 =0	0	1	0.68	0.47

续表

指标	变量赋值	最小值	最大值	均值	标准差
是否户主	是 =1，否 =0	0	1	0.64	0.48
受教育程度	小学及以下 =1，初中 =2，高中/中专/技校 =3，大学（本科/专科）及以上 =4	1	4	1.86	0.87
身体健康自评	很好 =5，较好 =4，一般 =3，差 =2，较差 =1	1	5	2.87	1.02
家庭主要劳动力人数	劳动力的实际人数	0	6	1.62	1.09
目前居住现状	独居 =1，仅与父母同住 =2，仅与老伴儿同住 =3，与老伴儿及父母同住 =4，与老伴儿及儿女同住 =5	1	5	3.73	1.17

贫困农户个体及家庭特征频率及百分比描述，如表 5 - 8 所示。受访贫困农户中男性为 218 人，占比 66.5%；受访对象年龄介于 40—69 岁的有 300 人，累计占比 91.5%；受访者为户主的 209 人，占比 63.7%；受访者中，小学及以下的 135 人，占比 41.2%。从整体来看，初中及以下文化程度的累计占比 77.7%；受访农户身体健康自评状况“一般”及“差”的 219 人，占比 66.8%。贫困农户家庭主要劳动力人数和全样本的特征比较一致，分布在 1 个和 2 个的比重较大。

表 5 - 8　　贫困农户个体及家庭特征频率及百分比描述

指标	变量赋值	频率	百分比	累积百分比
性别	1	218	66.5	66.5
	0	110	33.5	100.0
年龄	40—49 岁 =1	96	29.3	29.3
	50—59 岁 =2	108	32.9	62.2
	60—69 岁 =3	96	29.3	91.5
	70—79 岁 =4	26	7.9	99.4
	80 岁以上 =5	2	0.6	100.0
民族	汉族	224	68.3	68.3
	蒙古族	102	31.1	99.4
	满族	2	0.6	100.0

续表

指标	变量赋值	频率	百分比	累积百分比
是否户主	1	209	63.7	63.7
	0	119	36.3	100.0
受教育程度	小学及以下 =1	135	41.2	41.2
	初中 =2	120	36.6	77.7
	高中/中专/技校 =3	58	17.7	95.4
	大学（本科/专科）及以上 =4	15	4.6	100.0
身体健康自评	较差 =1	30	9.1	9.1
	差 =2	84	25.6	34.8
	一般 =3	135	41.2	75.9
	较好 =4	58	17.7	93.6
	很好 =5	21	6.4	100.0
家庭主要劳动力人数	0	58	17.7	17.7
	1	81	24.7	42.4
	2	135	41.2	83.5
	3	38	11.6	95.1
	4	14	4.3	99.4
	5	1	0.3	99.7
	6	1	0.3	100.0
目前居住现状	独居 =1	19	5.8	5.8
	仅与父母同住 =2	15	4.6	10.4
	仅与老伴儿同住 =3	122	37.2	47.6
	与老伴儿及父母同住 =4	53	16.2	63.7
	与老伴儿及儿女同住 =5	119	36.3	100.0

（三）非贫困农户个体及家庭特征描述

调研样本中非贫困农户个体及家庭特征描述性统计，如表5－9所示。受访者以男性居多，受访对象年龄相对也较大，受访者受教育程度比贫困户偏高，均值比贫困户高0.31；受访农户身体健康自评状况从整体上来看好于贫困户，自评得分的均值比贫困户高0.49。值得注意的是，家庭目前居住现状得分的均值是4.04，高于贫困户的均值，说明了家庭居住特征对家庭能够产生重要的影响。

表 5 – 9　　非贫困农户个体及家庭特征描述性统计

指标	变量赋值	最小值	最大值	均值	标准差
性别	男 = 1，女 = 0	0	1	0.63	0.48
年龄	40—49 = 1，50—59 = 2，60—69 = 3，70—79 = 4，80 以上 = 5	1	5	2.15	0.96
民族	汉族 = 1，少数民族 = 0	0	1	0.59	0.49
是否户主	是 = 1，否 = 0	0	1	0.62	0.49
受教育程度	小学及以下 = 1，初中 = 2，高中/中专/技校 = 3，大学（本科/专科）及以上 = 4	1	4	2.17	0.81
身体健康自评	很好 = 5，较好 = 4，一般 = 3，差 = 2，较差 = 1	1	5	3.36	0.94
家庭主要劳动力人数	劳动力的实际人数	0	5	1.99	0.98
目前居住现状	独居 = 1，仅与父母同住 = 2，仅与老伴儿同住 = 3，与老伴儿及父母同住 = 4，与老伴儿及儿女同住 = 5	1	5	4.04	1.06

非贫困农户个体及家庭特征频率及百分比描述，如表 5 – 10 所示。受访非贫困农户中男性为 127 人，占比 63.2%；受访对象年龄介于 40—69 岁的有 186 人，累计占比 92.5%；受访者为户主的 124 人，占比 61.7%；受访者中，初中文化程度的 85 人，占比 42.3%，高中/中专/技校文化程度的 65 人，占比 32.3%；受访农户身体健康自评“较好”及“一般”的 143 人，占比 71.1%，其中较好的比例最高，为 36.8%。家庭主要劳动力人数分布在 1 到 3 个的比例较大。

表 5 – 10　　非贫困农户个体及家庭特征频率及百分比描述

指标	变量赋值	频率	百分比	累积百分比
性别	1	127	63.2	63.2
	0	74	36.8	100.0
年龄	40—49 岁 = 1	62	30.8	30.8
	50—59 岁 = 2	63	31.3	62.2
	60—69 岁 = 3	61	30.3	92.5
	70—79 岁 = 4	14	7.0	99.5
	80 岁以上 = 5	1	0.5	100.0

续表

指标	变量赋值	频率	百分比	累积百分比
民族	汉族	119	59.2	59.2
	蒙古族	81	40.3	99.5
	回族	1	0.5	100.0
是否户主	1	124	61.7	61.7
	0	77	38.3	100.0
受教育程度	小学及以下 =1	44	21.9	21.9
	初中 =2	85	42.3	64.2
	高中/中专/技校 =3	65	32.3	96.5
	大学（本科/专科）及以上 =4	7	3.5	100.0
身体健康自评	较差 =1	4	2.0	2.0
	差 =2	34	16.9	18.9
	一般 =3	69	34.3	53.2
	较好 =4	74	36.8	90.0
	很好 =5	20	10.0	100.0
家庭主要劳动力人数	0	13	6.5	6.5
	1	38	18.9	25.4
	2	104	51.7	77.1
	3	34	16.9	94.0
	4	8	4.0	98.0
	5	4	2.0	100.0
目前居住现状	独居 =1	3	1.5	1.5
	仅与父母同住 =2	9	4.5	6.0
	仅与老伴儿同住 =3	63	31.3	37.3
	与老伴儿及父母同住 =4	28	13.9	51.2
	与老伴儿及儿女同住 =5	98	48.8	100.0

第二节 农户短期健康投资行为的影响因素分析

一、理论分析框架

农户短期健康投资行为即就医行为是农村居民抵御健康风险冲击的策略

之一。在对就医行为的研究中，患者是否就医、就医机构的选择、治疗决策和就医花费等问题是考察的核心内容（冯黎，2009）[19]。舒尔茨的“理性小农”理论认为农户的行为选择是理性的，农户就医行为是由医疗的派生需求衍生出来的投资行为，在家庭收入预算约束下，贫困农户从效用最大化原则出发，根据家庭成员对家庭生产的贡献和影响来决定并选择就医行为。识别深度贫困地区农户短期健康投资行为的影响因素，从而更有针对性地提出政策建议是本书的主要研究目的。总体而言，贫困地区农户的个人及家庭特征、经济状况以及医疗保险等变量均会对其就医行为产生影响。比如个人特征中的年龄因素，随着年龄的增长，患病的概率加大，对医疗服务的需求也会增加（Grossman，1972）[5]，因此年龄在是否就诊的行为分析中会通过显著性检验（吕美晔等，2012）[189]。经济状况是影响就医行为的重要因素，如家庭人均纯收入会显著影响贫困地区农户的就医选择（胡宏伟等，2012）[190]。值得注意的是，个人特征、疾病严重程度比家庭收入水平更具有影响力，出于对健康的需求推动其进入医疗服务市场（吕美晔等，2012）[189]，当然这也是近几年的扶贫战略和扶贫政策所取得的成就。医疗保险在一定程度上能够增加贫困地区农户就医的经济保障，对就医行为的影响包括是否参加医保、医保类型、医保的保障能力等（冯黎，2009；Jowett et al，2004；于长永，2017）[19,191,192]。

基于上述就医行为的影响因素分析，结合广泛应用于就医行为研究的Andersen健康行为模型，对内蒙古深度贫困地区农户的短期健康投资行为影响因素进行分析。现阶段，在中国的医疗保障制度还不完善和健全的情况下，在有限公共财政支持的社会经济背景下，农户的就医行为主要取决于个人或农户家庭对于自身经济状况的考量和需求的偏好，因此Andersen模型是符合中国情境的（彭希哲等，2017；Chen－Yi Wu et al.，2014）[193,194]。同时根据实地调研情况，在本章的分析中，充分考虑了中国传统伦理文化中的以家庭为本位，将目前的居住现状和代际支持变量加入影响因素分析，更加符合中国农村的实际情况。

Andersen健康行为模型是由Ronald M Andersen于1968年提出来的，是分析与研究医疗服务利用的最经典模型。该模型诠释了家庭是如何利用医疗服务的，分析了医疗服务利用的影响因素，界定与衡量了医疗服务利用和服务可及性（Andersen R，1995）[195]。Andersen模型是从前倾因素、使能因素、需求因素三个维度展开分析的，其中，前倾因素表示医疗服务利用的倾向，一般指社会人口学特征；使能因素指影响家庭或个人获得医疗服务可能性的因素，包括收入或保险等；需求因素指家庭或个人基于健康需要的特征，包括对自身健康状况的评价与判断等（Andersen R et al，1973）[196]。本章在借鉴 Andersen 模型的基础上，结合内蒙古深度贫困地区农户的特征，将短期健康投资行为的影响因素分为前倾因素、使能因素和需求因素三大类，见图 5－1。

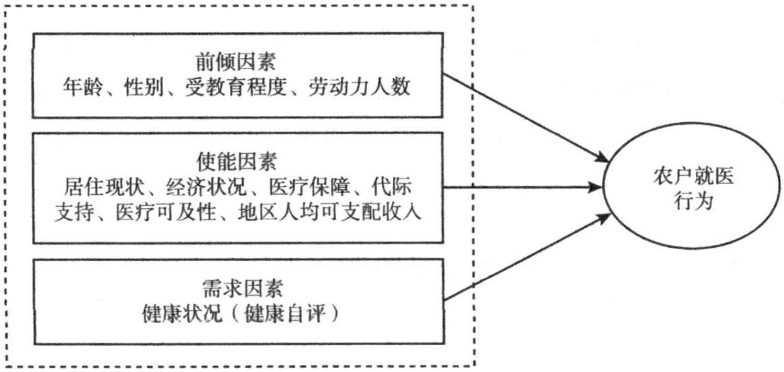

图 5－1　农户短期健康投资行为的影响因素分类图

二、模型设定

由于农户短期健康投资行为即就医行为这一因变量是二分变量，不适宜采用 OLS 模型进行回归。一般而言，Probit 模型和 Logit 模型都可以用来分析因变量为分类变量的情况，在本章中两种模型均可以使用。但由于所选自变量中分类变量较多，因此本书选择使用二元 Logit 回归模型进行实证分析。农户短期健康投资行为的 Logit 回归模型函数表达式为：

$$Y = Ln\left\{\frac{p_i}{1-p_i}\right\} = \beta_0 + \beta_1 X_1 + \beta_2 X_2 + \cdots + \beta_i X_i + \varepsilon \qquad (5-1)$$

公式（5－1）中：Y 表示农户的短期健康投资行为，指农户家庭是否就医；β 为待估计系数，ε 为随机误差项，X_i 表示各个解释变量，包括前倾因素、使能因素、需求因素等。

三、农户短期健康投资行为影响因素的实证分析

（一）变量选择与描述性分析

1. 农户短期健康投资行为变量。农户短期健康投资行为变量是被解释变量，

本书将短期健康投资行为界定为就医行为，已有研究大多使用“农户是否就医”来衡量农户就医行为（Borah，2006；李晓敏等2009；韩静舒等，2016）[197-199]。由于就医行为包含的内容比较多，综合参考了CHNS的调查问卷，再结合本书的调研数据，为了简化分析，借鉴韩静舒等（2016）[199]、高梦滔等（2005）[20]对就医行为变量的设计，用“最近一年住院治疗的时间有多长”“您或其他家庭成员患病后，最近一年的医疗支出是否在5000元以上?”这两个问题来度量就医行为，把农户回答具体住院时间并且医疗支出在5000元以上的样本记为1，把回答没有住院的样本记为0，统计结果见表5-11。即因变量是一个二分变量，可以采用二元Logit模型进行分析。

表5-11　　农户短期健康投资行为统计

短期健康投资行为变量	频率	百分比（%）
0	209	39.5
1	320	60.5
总计	529	100.0

2. 解释变量。根据Andersen模型，参照已有的文献（Grossman，1972、封进，2009、孙梦洁等，2013）[5,152,158]，本书将农户短期健康投资行为的影响因素变量设定为前倾因素、使能因素和需求因素。其中，①前倾因素包括性别、年龄、受教育程度、家庭劳动力人数四个变量。②使能因素包括居住现状、经济状况、医疗保障、代际支持、医疗可及性、地区人均可支配收入六个变量。居住现状反映了家庭结构；经济状况用村干部对农户经济状况的评价来代替（李晓敏等，2013）[200]；医疗保障用是否有其他医疗保险代替；本书将子女向父母提供的经济支持作为代际支持的变量，如果在家庭收入来源中有子女补贴的，视为1，否则视为0。考虑到目前我国农村家庭劳动力大量外流，老龄化比较严重，子女的代际支持是影响其短期健康投资行为的重要因素（宋璐等，2010）[77]；医疗可及性变量用到达最近的医疗站或卫生所的时间代替；农户家庭所在旗县农村牧区的人均可支配收入代表了地区的宏观环境。很多研究在分析医疗消费支出时都会考虑地区差异（史清华等，2004；王翌秋等，2011）[201,202]，因为在中国，当前居民的收入在地区间的差异仍然比较显著，这可能会进一步影响居民的医疗消费支出（谭涛等，2014）[203]，尤其在内蒙古，狭长的地理特征导致东西地区的差异比较大，为了突出差异性，

选择调研样本所在旗县的人均收入来代替。③需求因素即健康状况用身体健康自评变量代替。

3. 描述性分析。农户短期健康投资行为的影响因素中各个变量的描述性分析见表5-12。

表5-12　　变量含义及描述性统计

变量名称		变量含义	取值范围	均值	标准差
被解释变量	农户短期健康投资行为	农户是否就医且发生医疗支出，是=1，否=0	0—1	0.6	0.489
前倾因素	性别	男=1，女=0	0—1	0.65	0.477
	年龄（岁）	40—49=1，50—59=2，60—69=3，70—79=4，80以上=5	1—5	2.17	0.961
	受教育程度	小学及以下=1，初中=2，高中/中专/技校=3，大学（本科/专科）及以上=4	1—4	2.41	0.944
	家庭劳动力人数	具有劳动能力的家庭成员数量	1—6	1.76	1.061
使能因素	目前居住现状	1=独居，2=仅与父母同住，3=仅与老伴儿同住，4=与老伴儿及父母同住，5=与老伴儿及儿女同住	1—5	2.41	0.944
	经济状况（村干部对农户家庭经济状况的评价）	富裕=1，一般=2，贫困=3	1—3	2.57	0.603
	医疗保障（购买医疗保险）	购买医疗保险，购买=1，未购买=0	0—1	0.13	0.333
	代际支持（子女对父母的经济支持）	家庭收入来源中是否有子女补贴，是=1，否=0	0—1	0.55	0.498
	医疗服务可及性（到达最近的医疗站或卫生所的时间）	15分钟以内可到达=1，15分钟—30分钟=2，30分钟—1个小时=3，1个小时以上=4	1—4	1.56	0.789
	地区特征（各旗县人均收入）	各旗县农村牧区人均可支配收入（元）	9700—11266	10357.01	514.356
需求因素	健康状况（身体健康自评）	很好=5，较好=4，一般=3，差=2，较差=1	1—5	2.41	0.944

（二）农户短期健康投资行为的影响因素分析

识别农户短期健康投资行为的影响因素，从而更有针对性地提出政策建议是主要研究目的。本书采用 Stata15.0 统计软件对农户短期健康投资行为的影响因素进行了二元 Logit 回归分析。总体而言，农户的前倾因素、使能因素及需求因素均会对其短期投资行为产生影响，具体分析结果见表 5－13。

表 5－13　　基于 Logit 模型的农户就医行为估计结果

影响因素	变量	Coef.	Std. Err.	z	P	[95% Conf. Interval]	
前倾因素	性别	0.060	0.223	0.27	0.788	－0.377	0.497
	年龄	0.059	0.127	－0.46	0.644	－0.309	0.191
	受教育程度	0.225*	0.130	1.72	0.085	－0.031	0.480
	家庭劳动力人数	0.207*	0.122	1.70	0.089	－0.031	0.445
使能因素	目前居住现状	0.195*	0.106	1.84	0.065	－0.012	0.402
	经济状况	2.029***	0.208	9.76	0.000	1.622	2.437
	医疗保障	0.632**	0.301	2.10	0.036	0.041	1.222
	代际支持	0.685***	0.221	3.09	0.002	0.251	1.119
	医疗服务可及性	0.191**	0.157	1.21	0.225	－0.117	0.498
	地区人均可支配收入	－0.002	0.001	－0.82	0.410	－0.001	0.000
需求因素	身体健康自评	－0.309***	0.115	－2.69	0.007	－0.533	－0.084
	_cons	－3.937	2.619	－1.50	0.133	－9.070	1.195
地区固定效应		控制					

注：* $p<0.1$，** $p<0.05$，*** $p<0.01$。

1. 在前倾因素中，年龄对就医行为的选择没有呈现显著影响，这和钟甫宁等（2010）[204]的研究结论是一致的。虽然在 Grossman（1972）[5]的健康需求模型中，认为年龄越大时，健康资本的折旧率越高，持有单位健康资本的成本越高，对健康资本的需求就越小。但是对健康的需求和对健康投资的需求是不一样的。也就是说，即使有对健康的需求，也不一定会产生对健康投资的需求。这样的结论或许和本书的调研样本是因病致贫的农户有关系。

受教育程度对就医行为的影响呈显著正相关，受教育程度越高的农户，在生病后可能更多的是选择就医并进行医疗消费，说明文化水平越高，对健康风险的认知越强，越能够意识到健康的重要性，对就医的选择也会越积极，这样的结果和 Henderson（2008）、Liu（2003）[45,205] 对中国农村医疗利用的结果基本一致。

家庭劳动力人数对就医行为的影响是显著正相关，即农户家庭中劳动力人数越多，对健康资本的需求越大，进而就医行为越多。农村地区主要以体力劳动为主，对劳动力的健康水平要求较高。当农户家庭的主要劳动力遭受了健康风险冲击，导致劳动能力下降或丧失，这时会通过医疗措施恢复健康或缓解疾病，但是不会因为健康恶化而轻易退出劳动供给，而是选择重新分配劳动时间和内部的劳动分工。

表 5 - 13 的分析结果中性别未能通过显著性检验，说明性别差异对农户就医行为的影响不太确定（李娟娟等，2009）[206]。

2. 在使能因素中，目前的居住现状在某种程度上反映了农户家庭的结构及模式。居住现状的得分越高，生病后选择就医的概率就越大。独居状态的就医概率明显低于与父母及儿女同住的就医概率。

经济状况的衡量指标参考了李晓敏等（2013）[200] 的做法，用村干部对农户家庭经济状况的评价来代替。分析结果说明经济状况显著制约农户的就医行为。Grossman（1972）[5] 的健康需求模型中，收入对医疗支出的影响为正，反映了一定程度的财富效应。医疗消费作为正常品，收入越高的人，在遭遇健康风险冲击后，就医的概率越大，医疗支出越高。

医疗保障特征在本书中用“是否有医疗保险”来代替，这里的医疗保险是商业性质的，指由专业保险公司运营管理的，以赚取利润为目的的保险，具体形式为投保人和保险公司本着自愿原则签订保险合同，投保人向保险公司缴纳保费，保险公司在条款载明，在事故发生或造成损失时向投保人偿付保险金。之所以舍弃新农合改用该指标，是因为目前我国新农合已经基本实现全覆盖，多数地区参合率达到了 100%。同时，只要参加了城镇基本医保或新型农村合作医疗就可享受大病保险待遇，对城乡居民因患大病发生的高额医疗费用给予报销，不需要个人再缴费。内蒙古较早开展大病保险试点，于 2012 年发布大病保险的实施意见，由部分盟市先行开办，2013 年全区相继铺开。鉴于这样的背景，再将是否有新农合指标放入回归模型中已无意义，因此选择了是否有其他医疗保险来代替医疗保障。模型分析结果显示，该指标对就医行为的影响是显著正相关的，说明医疗保障能够促使农村居民实施就医行为。

代际支持反映了农户家庭子女的补贴对就医行为的影响。表5-13的模型分析结果显示代际支持是显著正相关的，即有子女补贴的农户家庭就医的概率较大。随着中国逐渐步入深度老龄化社会，人口高龄化特征愈发明显，老年人的“独居化”“空巢化”现象较多。调研样本中，60岁以上的农户家庭占比38%，大多为无劳动能力或弱劳动能力，身体状况普遍较差，这种情况下更加需要子女的代际支持。

医疗服务可及性指标显著影响农户的就医行为，并且正相关。该指标在一定程度上反映了医疗服务的供给水平，离卫生所或医疗站的距离越近，就医行为的概率越大。调研样本中，在15分钟之内能到达最近卫生所或医疗站的占比60.1%，说明目前我国农村地区的基本医疗保障正在逐步完善和改进。

3. 在需求因素中的健康状况用身体健康自评变量反映。虽然这一指标具有较强的主观性，但现有研究表明该指标可以有力地反映个人健康状况，并且数据易获得，质量比较高（赵忠等，2005、封进2009）[152,155]，因此本书也选择了该指标反映农户家庭个体的身体健康状况。分析结果显示，身体健康自评和就医行为之间是显著负相关的，认为健康状况比较好的，即身体健康自评分数越高的，就医行为越少，这和现实情况是吻合的。

在农户短期健康投资行为的三大类影响因素中，使能因素和需求因素的影响较为显著，而前倾因素的影响程度较小。因此制定旨在提高各种使能因素作用的政策十分有必要，而关注贫困地区农户的健康需求，根据不同农户的健康需求制定适宜的政策尤为重要。

（三）分样本差异性分析

在表5-13分析的基础上，进一步对农户就医行为影响因素的差异性进行分析。在表5-14中给出了有就医行为农户和没有就医行为农户各类指标及其差异的统计描述。

通过对分样本农户各指标差异性的分析可以看出，农户就医行为对贫困是有显著影响的。大部分指标均显示出明显的统计差异特征，这有助于我们进一步明确农户就医行为的影响因素。在样本进行分类之后，有就医行为的样本年龄偏大，说明随着年龄的增长，健康资本的折旧率增加，相应的就医行为也较多；无就医行为样本的受教育程度、劳动力人数、健康状况、医疗保

表 5－14　　就医农户与非就医农户各指标差异的统计描述

变量名称		有就医行为（A）	无就医行为（B）	差值（B－A）
贫困指标	贫困状态（是否贫困）	0.859	0.254	−0.605***
前倾因素	性别	0.67	0.63	−0.04
	年龄（岁）	2.33	2.07	−0.26***
	受教育程度	1.88	2.21	0.33***
	家庭劳动力人数	1.62	1.98	0.36***
使能因素	目前居住现状	3.81	3.92	0.11
	经济状况（村干部对农户家庭经济状况的评价）	2.79	2.23	−0.56***
	医疗保障（购买医疗保险）	0.08	0.19	0.11***
	代际支持（子女对父母的经济支持）	0.59	0.50	−0.10**
	医疗服务可及性（到达最近的医疗站或卫生所的时间）	1.55	1.57	0.02
	地区特征（各旗县人均收入）	10360.02	10352.39	−7.63
需求因素	健康状况（身体健康自评）	2.96	3.19	0.23**

注：* $p<0.1$，** $p<0.05$，*** $p<0.01$。

障指标整体上均比有就医行为样本的稍高一些，并且呈现显著影响，可以得知这些变量是农户家庭选择就医行为的重要影响因素。但是从整体上来看，深度贫困地区农户的受教育程度偏低、医疗保障水平不高。经济状况的差异值为负值，是由于变量定义时贫困程度越大得分越高所致。无就医行为样本的经济状况普遍比有就医行为的要好，说明经济状况是影响就医行为的重要变量。代际支持的差异性分析中，无就医行为样本的代际支持比有就医行为样本的略低，因为无就医行为样本的年龄相对较低，主要集中于60岁以下，有较强的劳动能力，能够获取劳动收入，不是主要依靠子女补贴和国家救济的，因此和有就医行为样本的特点存在差异。

性别、目前居住现状、医疗服务可及性、地区特征四个变量没有表现出明显的统计差异特征。可能的原因在于，虽然调研样本均来自内蒙古深度贫困地区，资源禀赋差，贫困程度深，但是随着经济的增长和近几年的国家政策扶持，人们的生活状况有了很大的改变，思想意识也随之提高，一些落后的观念逐渐消除，性别对就医行为也无影响，这和钟甫宁等（2010）[204]的研究结论是一致的。值得注意的是，农户的就医行为也和十年前有了很大的区别①，在遭遇健康风险冲击之后，不仅有就医行为，而且在选择医疗机构时大部分也会选择县级以上的医院，因此医疗服务可及性指标不再是限制农户就医的影响因素。目前的居住现状反映了农户家庭的结构，同样也没有通过差异的显著性检验，原因在于医疗需求对个人来讲可以被看作是必需品（Henderson，2008）[45]，无论家庭结构或居住现状如何，都会渴望良好的健康从而衍生出医疗需求，进而产生就医行为。由于调研样本均是来自内蒙古深度贫困地区，在深度贫困特征方面有许多相似性，实际上对于地区收入在一定程度上已经加以了控制，因此受整个地区宏观环境的影响，地区特征表现出来的差异性不明显。

第三节　农户长期健康投资意愿和行为的影响因素分析

一、理论分析框架

（一）农户长期健康投资意愿和行为的产生机理

农户行为理论中，西奥多·舒尔茨的理性小农学派认为，农户是“理性的经济人”，在资源有限的条件下，他能够通过有效的投资选择实现收益的最大化，使投资的成本现值等于投资所带来的收益现值。

$$\sum_{i=1}^{n}\frac{C_i}{(1+r)^i}=\sum_{i=1}^{n}\frac{R_i}{(1+r)^i} \tag{5-2}$$

公式（5－2）中，C_i为第 i 年的健康投资成本，R_i为第 i 年的健康投资收益，r 为利息率，i 为年限，即未来健康投资收益的折现价值等于健康投资成本的折现价值。这是理论上的决策公式，只有当收益现值大于成本现值，才会做出投资决策。按照该等式的思路，农户在进行长期健康投资决策时，会衡量长期健康投资的收益和成本，当农户认为长期健康投资的收益大于投资

① 低收入人群在医疗消费中存在预算约束，导致贫困人口在生病后不去就医或没有医疗支出。

的成本，才会产生投资的意愿和行为。在深度贫困地区，家庭收入在很大程度上决定了长期健康投资的能力，普遍的贫困状态使农户考虑的都是温饱问题，而不是投资收益极其不确定的长期健康投资，因此，在深度贫困地区，农户的投资能力和投资理念是互相交织在一起的（李娟娟等，2009）[207]。

健康需求理论中，农户的长期健康投资意愿和行为的产生，与就医意愿和行为一样，都是由于对健康的需求从而产生的引致需求（Grossman，1972）[5]。但是长期健康投资意愿和行为相比于就医的意愿和行为而言有很大的不同，具备一定的特殊性。即受到健康投资收益不确定、偏好于现实满足、容忍健康风险等诸多因素的影响，意愿和行为之间具有很大的不确定性，这仍然符合一般农户经济行为的特定决策规律。我们可以借助经济学中的需求弹性理论来解释。农户遭遇健康风险冲击，疾病使健康受损，这时产生的短期健康投资意愿和行为是源自对疾病的强烈厌恶及风险的强烈规避，假设只考虑价格的影响，此时对健康的追求是缺乏弹性的［见图 5 - 2 中（b）］，因为只有借助于医疗服务才能缓解疾病痛苦、恢复健康。农户的长期健康投资意愿和行为是发生在遭遇健康风险冲击之前，在健康状况比较良好的情况下，可能就不会产生对健康的需求，甚至还会实施一些有损健康的负向投资行为，比如长期大量的吸烟等。当受教育程度提高并意识到健康投资的重要性，农户产生了长期健康投资的意愿和行为，但是由于此时的健康需求不是必需品，是富有弹性的［见图 5 - 2 中（a）］，很容易受到价格因素的影响（假设只考虑价格），比如日常的体检能够起到预防疾病的作用，但是如果体检的价格较高的话，就会影响到农户参加体检的意愿和行为。

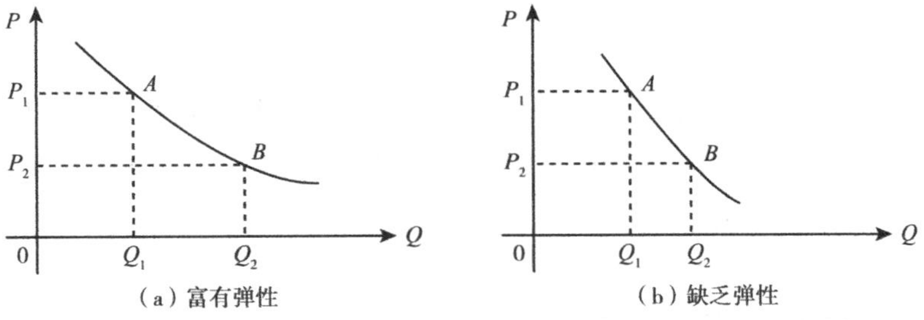

图 5 - 2　农户健康投资行为的需求弹性分析

（二）计划行为理论分析和研究假设

计划行为理论是社会心理学中最著名的行为关系理论，其核心内容是个体的行为受行为意向影响，行为意向是影响行为最直接的因素。该理论被广泛应用于多个行为领域的研究，包括：饮食行为，如合理膳食的搭配；运动行为，如跑步等体育锻炼行为的选择；药物成瘾行为，如戒除烟酒、药物等；临床医疗与筛检行为，如健康体检行为等，并被证实具有良好的解释力和预测力。大量研究发现，在基于计划行为理论的实证研究中，行为意向对行为的解释率为20%—40%，尤其在健康行为领域（苏荣海等，2019）[207]，并且已成功预测一些长期健康投资行为的发生，如加强体育锻炼（Rise et al.，2003）[208]、健康饮食（Verplanken et al.，1999）[209]以及戒烟、饮酒、定期体检等。

本书的长期健康投资意愿即农户是否愿意进行长期健康投资，是对长期健康投资的看法或想法，代表了个人的主观性思维。农户的长期健康投资行为是指农户是否具体实施了某种健康投资行为。在现实研究中，由于“行为”难以测量，而“意愿”则相对容易测度，故国内外较多学者通常以“意愿”代替“行为”进行分析（Hau et al.，2013；Lin，2007；Nwankwo et al.，2014）[210-212]。尽管多数研究支持了意愿和实际行为间的高度相关性，但行为意愿始终不等同于直接行为（闫岩，2014）[213]。意愿和行为有时并不会完全对等，行为也并非完全由意愿驱使。因此本书分别考察意愿和行为的影响因素，同时分析意愿和行为的相关性。目前对意愿和行为分析较为常用的是计划行为理论模型，因此本章也遵循计划行为理论的分析逻辑，即意愿是行为的前项，个体具有较高的行为意愿时，其出现行为的可能性显著增大。按此逻辑，农户的健康投资意愿是健康投资行为的前项，当其健康投资意愿较强时，出现健康投资行为的可能性就会增大。

由此提出如下基本书假设：

H1：农户的长期健康投资意愿影响其长期健康投资行为。即农户长期健康投资意愿与行为存在相关性，农户长期健康投资意愿的程度对长期健康投资行为的实施具有积极作用。

二、模型介绍与设定

因为我们要检验农户长期健康投资意愿和行为的影响因素，所以我们把农户的长期健康投资意愿和行为作为因变量，均为二项选择变量，选择 Probit 模型。根据计划行为理论，个体意愿对个体行为有影响作用，个体意愿的加强有助于行为的实施。因此，农户长期健康投资意愿和行为两者存在一定的影响，通过提高农户长期健康投资的意愿，能够促进其实施长期健康投资行为。当被调查农户出于种种原因会在是否有长期健康投资意愿和是否有长期健康投资行为之间做出选择时，这两种决策并不是相互独立的。因此，我们不能对农户长期健康投资意愿和行为分别进行 Probit 建模，可能损失效率，两个 Probit 方程的扰动项之间可能存在相关性（何悦等，2020）[214]。因此应该采用双变量 Probit 回归模型（Bivariate Probit Regression）。

双变量 Probit 回归模型能在考虑两个决策随机项之间相关性的前提下同时估计两个方程（Greene，1979）[215]。该模型所对应的两个因变量是两种相关的选择，两个方程有相同的自变量，且误差项也是相关的。两个方程误差项的协方差等于一个固定的常数，这意味着这两种相关选择之间是相互影响的，而不像独立的 Probit 模型那样误差项的协方差为 0（杨丹等，2012）[216]。双 Probit 模型的两个方程都基于 Probit 模型的基本形式：

$$\mathrm{Prob}(Y=1)=\int_{-\infty}^{\beta' X}\phi(t)\,dt=\frac{e^{\beta' X}}{1+e^{\beta' X}} \tag{5-3}$$

农户对长期健康投资的意愿和行为两个变量的选择存在四种组合（见图 5－3），分别用虚拟变量 y_1 和 y_2 表示农户长期健康投资的意愿和行为。设定 $y_1=1$ 表示农户有长期健康投资意愿，$y_1=0$ 表示农户没有长期健康投资意愿；$y_2=1$ 表示农户实施了长期健康投资行为，$y_2=0$ 表示没有实施长期健康投资行为。因此，四种组合可以用（1，0）、（1，1）、（0，0）、（0，1）来表示。我们分别建立双变量 Probit 模型，分析农户长期健康投资意愿和行为的影响因素，模型设定具体形式为：

$$\begin{Bmatrix} y_1^* = \beta_1 x_1' + \varepsilon_1 \\ y_2^* = \beta_2 x_2' + \varepsilon_2 \end{Bmatrix} \tag{5-4}$$

有长期健康投资意愿	有意愿，无行为（1，0）	有意愿，有行为（1，1）
没有长期健康投资意愿	无意愿，无行为（0，0）	无意愿，有行为（0，1）
	没有长期健康投资行为	有长期健康投资行为

图 5－3　农户健康投资意愿和行为的四种组合

其中，y_1^* 和 y_2^* 为不可观测的潜变量，x_1' 和 x_2' 分别为农户长期健康投资意愿和行为的影响因素向量，β_1 和 β_2 为待估系数向量，ε_1 和 ε_2 为误差项且服从二维联合正态分布，两者的相关系数为 ρ 即：

$$\left(\frac{\varepsilon_1}{\varepsilon_2}\right) \sim N\left\{\left(\frac{0}{0}\right),\left(\frac{1\rho}{\rho_1}\right)\right\} \tag{5-5}$$

当 $y_1^* > 0$ 时，表示农户有长期健康投资意愿，反之，则 $y_1^* = 0$；同理当 $y_2^* > 0$ 时，表示农户实施了长期健康投资行为，反之，则 $y_2^* = 0$。因此，y_1^* 和 y_1、y_2^* 和 y_2 的关系可以由以下方程确立：

$$y_1 = \begin{cases} 1, & 若\ y_1^* > 0 \\ 0, & 若\ y_1^* \leqslant 0 \end{cases} \qquad y_2 = \begin{cases} 1, & 若\ y_2^* > 0 \\ 0, & 若\ y_2^* \leqslant 0 \end{cases} \tag{5-6}$$

两个方程唯一联系的是扰动项 ε_1 和 ε_2 的相关性。如果 $\rho = 0$，则此模型等价于两个单独的 Probit 模型。如果 $\rho \neq 0$，y_1^* 和 y_2^* 之间存在相关性，运用双变量 Probit 模型对两者的取值概率进行最大似然估计。最后，对原假设"H_0：$\rho = 0$"进行检验，判断有无必要使用双变量 Probit 模型，或估计两个单独的 Probit 模型。如果拒绝原假设，则有必要使用双变量 Probit 模型。

三、变量的衡量及选取

（一）长期健康投资意愿的衡量及描述性统计

目前，学术界对个体行为意愿的测量，常见的方式为直接询问是否愿意（葛继红等，2017；何凌霄等，2017）[217,218]，在所询问的行为意愿较为中性的情况下，这种方式较为直接有效。人们对健康投资的理解均是有益于健康的，即被普遍认为是应该做的事。在此情况下，农户的回答会带有倾向性——"愿意进行健康投资"，因此为避免由农户倾向性应答造成二分类变量测量的较大误差，本书采用李克特五点量表的形式，从"非常不愿意"到"非常愿意"将农户长期健康投资意愿分为五个等级，为农户提供了更多的备选项，也可在一定程度上减少农户在"愿意与否"的问题上大多选择"愿意"的可能。由于农户的长期健康投资意愿不能被直接精确观测到，需要通过其他方法加以综合，是一种潜变量，因此本书采用多题项反映型指标来衡量受访者的长期健康投资意愿。测量题项设置为"您愿意进行长期健康投资吗"，长期健康投资包括合理搭配饮食、锻炼身体、定期参加日常体检三种正向长期健康投资，以及对吸烟、喝酒这两种负向长期健康投资的意愿。由于这些方面在短期内是固定不变的，可以看作是长期的行为意愿。在进行实证分析时，将非常愿意和愿意设置为“1”，将“一般”“不太愿意”“不愿意”设置为“0”。

对农户健康投资意愿进行描述性统计和百分比统计，结果见表5-15和表5-16。

表5-15　农户长期健康投资意愿描述性统计

测量指标	样本	N	最小值	最大值	均值	标准偏差
长期健康投资意愿	全样本农户	529	1	5	3.53	1.11
	贫困农户样本	328	1	5	3.44	1.16
	非贫困农户样本	201	1	5	3.69	1.01

表5-16　农户长期健康投资意愿百分比统计

测量指标	样本	N	非常愿意	愿意	一般	不太愿意	非常不愿意
长期健康投资意愿	全样本农户	529	22.3	31.6	27.4	14.7	4.0
	贫困农户	328	20.4	31.4	25.9	16.5	5.8
	非贫困农户	201	25.4	31.8	29.9	11.9	1.0

由表5-15和表5-16的分析可知，农户长期健康投资意愿相对较高，不同样本的农户测量指标平均值均大于3。整体来看，全样本农户“非常愿意”和“愿意”进行长期健康投资的累计占比53.9%，贫困农户“非常愿意”和“愿意”进行长期健康投资的累计占比51.8%，非贫困农户健康投资意愿测量题项的均值最高，“非常愿意”和“愿意”进行长期健康投资的累计占比57.2%。

（二）长期健康投资行为的衡量

行为经济学对个体行为的测量最直接的手段为“是否”问题，即对某一行为直接测量“有”还是“没有”，故本书在农户长期健康投资行为的测量中采用二分类变量的形式。设置的问题有：您家是否合理搭配饮食？您及其他家庭成员是否锻炼身体？您及其他家庭成员是否体检？您及其他家庭成员是否吸烟？您及其他家庭成员是否喝酒？具体的描述性统计在第四章中已有分析，此处不再赘述。需要强调的是，为了简化分析，本书参考李增刚等(2008)[219]的研究做法，将长期健康投资行为进行赋值，合理搭配饮食、锻炼身体、参加体检为正向健康投资，变量范围为（0，1），赋值的分数为0分和1分；吸烟和喝酒为负向健康投资，变量范围为（0，1），但是赋值的分数变为0分和-1分，即如果有吸烟和喝酒行为，会减少该农户整体的长期健康投资分数。农户长期健康投资得分范围为（-2，3），将得分为-2、-1和0分的设置为0，将得分为1、2、3分的设置为1。根据综合得分农户的长期健康投资行为变量范围为（0，1）。贫困农户的整体得分较低，非贫困农户相对得分高一些，说明比较注重长期健康投资，预防保健的意识较强。

通过对农户长期健康投资意愿和行为的衡量，我们发现农户的长期健康投资意愿和行为存在不一致、相背离的现象。农户具有较高的长期健康投资意愿，全样本、贫困、非贫困农户的测量指标平均值均大于3，“非常愿意”和“愿意”进行长期健康投资的占比均为50%以上，说明农户是有长期健康投资意愿的，从心理上是能够接受长期健康投资的。这就打破了我们以往的观念和认识，我们会先入为主地认为农村地区的居民受经济约束，对健康投资一无所知，根本没有健康投资的意识。但是在调研过程中会发现，农户其实是有长期健康投资意愿的，都有追求健康的美好愿望。农户高意愿却伴随着低行为，实际实施长期健康投资行为的比例较低，如何将意愿转化为行为是值得我们思考并进一步研究的。

（三）其他解释变量及预期

目前对长期健康投资意愿和行为影响因素的研究，虽然切入点和角度略有差异，但其目标却有高度的一致性。即学者们都在逐步探讨，究竟是什么影响了长期健康投资意愿和行为？该如何提升其长期健康投资意愿并能够实际转化为长期健康投资行为？在分析农户长期健康投资意愿和行为时，本书引入一些其他解释变量，进一步拓宽计划行为理论的分析界限。近年来，实际研究中对计划行为理论的拓展逐渐增加，在分析个体行为时，个体具有独特的个人特质，同时个体是以家庭为基本生活单位而生存于社会之中的，因此，人口统计学特征、家庭特征和社会经济因素不可或缺（Burton，2014；Lalani et al.，2016）[220,221]；个体的行为源于个体的认知，因此认知是行为产生的先决条件（Deci et al.，1994；Rogers，2010）[222,223]。

在以往的研究中，个体特征主要包括农户性别、年龄、受教育程度、身体健康自评等。性别差异对农户长期健康投资意愿和行为的影响不太确定（李娟娟等，2009）[207]。在调研过程中发现，女性更愿意进行长期健康投资，比如合理搭配饮食、锻炼身体等，而男性由于不良生活习惯，其长期健康投资意愿较低。年龄对其健康需求具有显著的负效应（杨军，2013）[224]，年龄较大时，健康作为人力资本产生的收益也会下降，因而对健康的需求会随着年龄的增加而减少（Grossman，1972；叶春辉等，2008）[5,28]。农户年龄越大，由于体力下降，其长期健康投资的意愿越低，进而长期健康投资行为的实施概率也越低。受教育程度对农户长期健康投资意愿有显著影响（李娟娟等，2009）[207]，受教育程度越高，农户的认知能力越强，越能够主动接触并了解健康知识，也容易与医疗卫生人员交流，主动寻求健康信息，从而能够更加理解长期健康投资的优势，尤其是更加愿意参与日常体检等健康投资活动。农户的身体健康自评状况与农户长期健康投资的意愿和行为的关联度较高。农户对其身体健康自评的得分越高，长期健康投资的意愿越强烈，实施长期健康投资行为的可能性就越大。但也可能由于身体健康状况较好，没有未雨绸缪的意识，反而对健康不重视，长期健康投资的意愿较低，因此也会影响到其实施长期健康投资行为。

农户家庭特征包括家庭劳动力人数、家庭目前的居住现状、家庭年收入等。家庭劳动力人数代表了家庭的人力资本数量，相关研究表明，农户家庭劳动力越多，对健康状况越重视，长期健康投资意愿越高，实施长期健康投资行为的可能性越大。农户家庭目前的居住现状反映了农户家庭居住人员的结构类型，是分析农户家庭长期健康投资意愿和行为的重要指标。通常情况下，独居农户和年龄较大夫妻农户的长期健康投资意愿较低，进而长期健康投资行为较少；家中有子女同住的农户，可能会考虑到子女的健康需要，因此长期健康投资意愿较高，长期健康投资行为较多。农户家庭的经济状况与农户的健康投资决策关系密切。农户家庭年收入越多，越会促进农户进行长期健康投资的意愿和行为（Grossman，1972）[5]。

代际支持是社会资本的一种体现，主要包括日常经济支持、生活照料、情感交流三个方面（穆光宗，2002）[225]，包含自下而上和自上而下两个层面（Tian，2016）[226]。在调研地区，大量青壮年劳动力外流，老龄化现象比较普遍，再加上目前中国的社会保障制度还不完善，绝大部分老年人需要从子女那里获得经济支持。重要的是，在我国，由子女来承担赡养老年人的主要责任具有久远的历史和深厚的社会经济文化根基。基于这些经济文化背景，本章将代际支持作为控制变量纳入分析模型，并且只考虑自下而上的单向经济支持，预期代际支持对农户的贫困状态有正向影响。

认知特征用农户对健康风险认知的变量替代。健康风险认知是个体对影响身心健康的各种因素、活动和疾病的主观感受和判断，是个体进行行为改变决策时权衡的重要指标（王崇梁等，2020）[227]。该指标表示了农户对身体是否存在健康风险隐患的认知程度，认知程度越高，农户进行长期健康投资的意愿和行为可能性就越大。因此预期健康风险认知对农户长期健康投资意愿和行为的影响均为正向。

（四）变量测量方式及理论预期

通过对农户长期健康投资意愿和行为变量的衡量，并结合农户个体特征、家庭特征、社会资本、认知特征这些解释变量，将变量的具体说明及其描述性统计汇总到表 5－17。

表 5－17　　变量测量方式及理论预期

变量类型	变量	变量赋值	均值	标准偏差	预期
因变量	长期健康投资意愿	非常愿意＝5；愿意＝4；一般＝3；不太愿意＝2；非常不愿意＝1（非常愿意和愿意为1，其余为0）	3.53	1.11	－
	长期健康投资行为	将综合得分按（0，1）变量设置	0.26	1.30	－
个体特征	性别（X1）	男＝1；女＝0	0.65	0.48	－
	年龄（X2）	40—49 岁＝1；50—59 岁＝2；60—69 岁＝3；70—79 岁＝4；80 岁以上＝5	2.17	0.96	↓
	受教育程度（X3）	小学及以下＝1；初中＝2；高中/中专/技校＝3；大学（本科/专科）及以上＝4	2.41	0.94	↑
	身体健康自评（X4）	很好＝5；较好＝4；一般＝3；差＝2；较差＝1	2.41	0.94	－

续表

变量类型	变量	变量赋值	均值	标准偏差	预期
家庭特征	家庭劳动力人数（X5）	具备劳动能力的实际人数	1.76	1.06	↑
	居住现状（X6）	与老伴儿及儿女同住 =5；与老伴儿及父母同住 =4；与老伴儿同住 =3；与父母同住 =2；独居 =1	2.41	0.94	↑
	家庭年收入（X7）	农户家庭最近一年的总收入	19818.68	15580.89	↑
社会资本	代际支持（X8）	有无子女补贴（0，1）	0.55	0.50	↑
认知特征	对自身健康风险的评估（X9）	肯定有 =3，没有 =2，不知道 =1	2.80	0.54	↑

四、农户长期健康投资意愿和行为的影响因素分析

（一）模型估计结果

本章运用 Stata15.0 软件对农户长期健康投资意愿和行为的影响因素进行双变量 Probit 回归模型估计，估计结果如表 5－18 所示。

表 5－18　　农户长期健康投资意愿和行为的模型分析结果

解释变量	长期健康投资意愿		长期健康投资行为	
	系数	标准误	系数	标准误
性别（X1）	0.0376 （0.32）	0.116	－0.254 （－1.36）	0.127
年龄（X2）	－0.102* （－1.94）	0.063	－0.004*** （－2.06）	0.067
受教育程度（X3）	0.010* （1.79）	0.068	0.080* （1.71）	0.074
身体健康自评（X4）	－0.048*** （－2.21）	0.058	0.007 （0.12）	0.062
家庭劳动力人数（X5）	－0.134* （－1.79）	0.068	－0.116* （－1.68）	0.071

续表

解释变量	长期健康投资意愿		长期健康投资行为	
	系数	标准误	系数	标准误
居住现状（X6）	0.061* (1.81)	0.053	0.038 (0.68)	0.057
家庭年收入（X7）	0.113*** (2.81)	0.092	0.023** (1.98)	0.098
代际支持（X8）	0.052 (0.46)	0.113	0.016 (0.13)	0.120
健康风险认知（X9）	-0.123 (-1.23)	0.103	-0.267** (-2.18)	0.122
系数	0.344** (1.95)	0.910	1.614*** (2.87)	0.995

注：***、**和*分别表示在1%、5%和10%的统计水平上显著。

（二）模型估计结果分析

从表5-18的实证分析结果可以看出，双变量Probit模型的拟合程度较好，部分影响因素通过了显著性检验。Athrho的系数为0.014，Z值为2.19，在1%的统计水平上显著，其相关系数为正，说明农户长期健康投资意愿与长期健康投资行为存在一定的相关性（何悦等，2020）[214]，两者之间存在互补效应，即农户长期健康投资意愿的程度对长期健康投资行为的实施具有积极作用，从而验证了本章的研究假设。

1. 个人特征。年龄对农户长期健康投资意愿和行为的影响在1%和10%的统计水平上显著，其系数为负，和理论预期一致。随着年龄的增加，健康资本的折旧率增加，不但引起对健康需求的减少，也使一定数量的总投资所能提供的健康资本减少（封进，2009）[152]，这和Grossman（1972）[5]的研究结论是一致的。本书调研对象为内蒙古深度贫困地区的农户，普遍年龄偏大，总样本中的年龄均值为2.17，平均年龄在60岁以上，具备劳动能力的较少，健康状况较差，因此对就医的意愿更加强烈，导致就医行为较多。而对长期健康投资的意愿和行为较为缺乏。

受教育程度对农户长期健康投资意愿和行为的影响在10%的统计水平上显著，其系数为正，和理论预期一致。这说明受教育程度越高，农户的长期健康投资意愿越大，实施长期健康投资行为的可能性越大。调研样本中，农户的受教育程度普遍偏低，均值为2.41，绝大部分农户的文化程度都在初中以下，小学程度占比较高，也充分说明了受教育程度是导致农村地区健康投资意愿淡薄、健康投资行为较为缺乏的非常重要的影响因素。教育一致被认为是人力资本的主要内涵，受教育程度越高，越能意识到健康的重要性。从长远看，提高教育水平不仅可以改善健康，提高资源使用效率，更重要的是可以改变人们的行为模式（Muurinen，1982）[228]。因此通过提高农户的文化程度，有利于提升农户健康投资意愿，进而促进农户实施正向长期健康投资行为。

身体健康自评对农户健康投资意愿的影响在1%的统计水平上显著，其系数为负，和理论预期一致，说明身体健康自评得分越高的农户，认为自己的健康状况很好，对健康风险的意识较差，长期健康投资的意愿较低；反之，身体健康自评得分越低的农户，已经意识到自身存在的健康隐患，从而在预防保健方面会更加愿意进行长期投资。身体健康自评对农户健康投资行为的影响不显著，可能的原因是农户即使身体健康状况比较差，能够感受到自身存在的健康隐患，但是受到诸多因素影响，比如时间、自身的意志力等，未必会进行长期健康投资行为。

性别对农户长期健康投资意愿和行为的影响是不显著的，此处不做讨论。

2. 家庭特征。家庭劳动力人数对农户健康投资意愿和行为的影响在10%的统计水平上显著，其系数为负，和理论预期不一致。可能的原因在于，农户家庭劳动力人数越多，说明家庭成员大多身体健康状况较好，具备劳动能力，因此对长期健康投资的意愿不强，从而也较少实施长期健康投资行为。

农户家庭目前的居住现状对农户健康投资意愿的影响在10%的统计水平上显著，其系数为正，和理论预期一致。居住现状反映了农户家庭的内部结构，得分越高，说明越是核心家庭，对健康越重视，长期健康投资意愿越强烈。居住现状对农户健康投资行为的影响不显著，这可以用行为经济学的理论来加以解释。如果没有更高的预期收益，那么健康投资较高的不确定性会导致个体更加重视当前的满足，严重忽略未来的需要。即使是核心家庭，有老中青三代，本应该对健康状况非常重视，也会较多实施长期健康投资行为，但是在具体实施行为之前，会受到跨期选择的影响，从而降低长期健康投资行为的可能性。

家庭年收入对农户健康投资意愿和行为的影响分别在1%和5%的统计水平上显著，系数为正，充分说明了农户家庭的经济状况和健康投资意愿及行为密切相关。经济状况越好，对健康投资的认知程度越高，从而长期健康投资的意愿越强烈，越有利于促进其实施长期健康投资行为。2018年，内蒙古农村牧区常住居民人均可支配收入13803元，而调研样本中的农户家庭一年的收入均值为19818元，反映了深度贫困地区农户收入普遍较低。在这种情况下，农户的长期健康投资意愿相对不强，影响到其长期健康投资行为的实施。

3. 代际支持对农户健康投资意愿和行为的影响均不显著。代际支持反映的是农户家庭中是否有子女的经济补贴，影响的是农户家庭的收入情况，但是这和子女的经济状况直接相关。如果子女的收入也不高，那么对家庭的补贴也仅够日常的生活消费支出，没有额外的资金用于健康投资。因此，如果加上子女补贴的家庭收入还不高，就会影响到其健康投资意愿和行为。

4. 健康风险的认知对农户健康投资行为的影响在5%的统计水平上显著，系数为负，和理论预期不一致。表明健康风险的认知程度越高，实施长期健康投资行为的可能性越小。此类异常，我们可以利用行为经济学中现代心理学的观点来解释。农户对医疗需求和预防保健的需求存在不一样的心理账户。他们认为，疾病带来了负的效用，通过医疗的补救措施可以恢复身体健康，这样的收益是显而易见的，而长期健康投资的收益是看不见、摸不着的，在调研过程中，很多农户都能认识到少吸烟、经常锻炼等对人的健康有利，但是却很少有人能够戒烟、坚持锻炼活动。

本章小结

本章先对调研获取的基本信息进行统计，然后对农户短期健康投资行为及长期健康投资意愿和行为的影响因素展开实证分析。

1. 首先详细说明了本书相关的调查实施概况、样本的基本信息等内容，包括调查区域的选取、调查问卷的设计与内容、数据来源与调查使用的方法，并将调查样本分为全样本、贫困样本、非贫困样本，对不同样本的个人特征及家庭特征信息进行了描述性统计分析。然后在此基础上，对内蒙古兴安盟、赤峰市、乌兰察布市9个深度贫困旗县农户的短期和长期健康投资行为的影响因素进行实证研究，为后面章节中提出相关政策建议奠定基础。

2. 通过对农户长期健康投资意愿的描述性统计分析，得出如下结论：农户长期健康投资意愿相对较高，不同样本的农户测量指标平均值均大于3。整体来看，全样本农户"非常愿意"和"愿意"进行长期健康投资的累计占比53.9%，贫困农户"非常愿意"和"愿意"进行长期健康投资的累计占比51.8%，非贫困农户健康投资意愿测量题项的均值最高，"非常愿意"和"愿意"进行长期健康投资的累计占比57.2%。但值得注意的是，在内蒙古深度贫困地区，存在农户长期健康投资意愿和行为不一致、相背离的现象，高意愿却伴随着低行为，如何将意愿转化为行为是值得我们思考并进一步研究的。

3. 对样本农户短期健康投资行为即就医行为的影响因素进行实证分析。在借鉴Andersen健康行为模型的基础上，结合内蒙古深度贫困地区农户的特征，将短期健康投资行为的影响因素分为前倾因素、使能因素和需求因素三大类，对农户短期健康投资行为的影响因素进行二元Logit回归分析。总体而言，农户的使能因素及需求因素对短期投资行为的影响程度较大，因此应制定提高使能因素、需求因素作用的相关政策。

4. 对样本农户的长期健康投资意愿和行为的影响因素进行定量分析。运用双变量Probit回归模型，构建农户长期健康投资意愿和行为的影响因素模型，加入了个人特征、家庭特征、社会资本、认知特征四类解释变量。模型估计结果显示，农户长期健康投资意愿和行为是具有相关性的，并存在一定的互补性，从而验证了本章的研究假设，说明农户的长期健康投资意愿能够影响其长期健康投资行为、提高其投资意愿显得尤为重要。年龄、受教育程度、家庭劳动力人数、家庭年收入等解释变量通过了显著性检验。

第六章　农户短期健康投资行为对贫困的影响分析

疾病影响健康状况，因此人们必须通过某种方式来祛除疾病、恢复健康，而目前最主要，也是最有效的方式就是医疗。本书将短期健康投资行为界定为就医行为，是农户遭遇了健康风险冲击之后的行为反应和选择，是应对健康风险冲击的有效缓解策略。就医行为本身可以使农户家庭中的患病成员减轻疾病的痛苦，从而恢复健康或维持健康状态，但是往往会伴随着大额的医疗支出，使农户的收入迅速消耗，陷入贫困。目前的研究大多集中于就医行为的影响因素、新农合的减贫效应等方面，而如何定量考察农户就医行为对贫困的影响，还存在进一步研究的空间，这也是本书研究的关键。从追根溯源的角度看，农户家庭医疗支出本身导致的经济水平下降，无论参保与否，经济风险首先由就医行为所致（韩静舒等，2016）[199]。本章使用二元 Logit 回归模型实证分析农户短期健康投资行为对贫困的影响。

第一节　理论分析框架

本书将短期健康投资行为界定为就医行为。当农户遭遇健康风险冲击之后，会意识到身体健康对于他们的康乐、安宁是至关重要的，此时才会将身体健康作为生活的首要目标，产生对健康的需求，进而寻求医学治疗，即为短期健康投资行为，希望医疗能够使他们恢复健康或者减轻疾病的痛苦。Grossman（1972）[5]的健康需求理论即从人力资本的角度构建了对健康的需求模型，并且在模型中强调了对健康投资影响最大的是医疗服务，这为我们的研究奠定了坚实的理论基础。

第二章对 Grossman（1972）[5]的健康需求理论进行了简单描述，通过公式可以求解健康资本存量的最优化水平，其一阶条件是健康投资的边际成本等于边际收益的现值。当健康作为投资品时，健康状况不直接进入效用函数，而是通过影响收入产生作用。均衡条件可以从公式（6－1）简化为公式（6－2）。

$$G_i\left[W_i + \left(\frac{Uh_i}{\lambda}\right)(1+r)^i\right] = \pi_{i-1}(r+\delta_i) \tag{6－1}$$

$$\frac{G_i W_i}{\pi_{i-1}} = r + \delta_i \tag{6－2}$$

其中，公式（6－1）的含义是最优健康资本是由健康的需求和供给决定的。健康的需求曲线反映健康资本和健康投资的边际回报率之间的关系，称为 MEC 曲线（marginal efficiency of health capital）；供给曲线显示了健康存量和资本成本之间的关系，而与健康资本存量无关，因此供给曲线 S 具有无限弹性，见图 6－1。

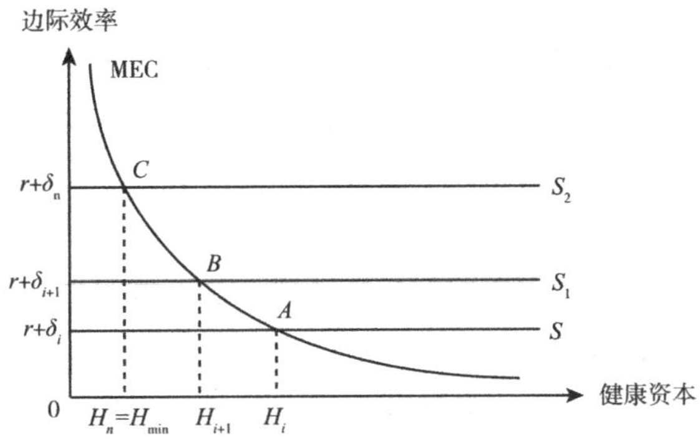

图 6－1　年龄对健康需求的影响

Grossman 的健康需求理论中主要强调了对健康投资影响最大的是医疗服务。健康投资中的医疗支出是源于对健康存量的需求，但是对健康投资的需求和健康需求并不同步（封进，2009）[152]。我们以年龄为例，在其他条件不变时，当年龄越大，健康资本的折旧率增加，相当于图中的 S 线上移，持有单位健康资本的成本越高，对健康资本的需求就越小，直至一个最低的健康资本，即寿命的终结。但是随着年龄的增长，一定数量的总投资所能提供的健康资本减少。尤其当健康需求缺乏弹性时，人们对健康投资的需求会增加。该理论分析对应于本章的短期健康投资行为，即当农户家庭成员年龄增加时，自身健康资本的折旧率增加，这和企业中固定资产随着使用年限的增加不断地发生磨损而需要计提折旧是一个道理，引起对健康需求的减少，就如图 6 - 1 中的 MEC 曲线是向下倾斜的。但是当健康需求缺乏弹性时，就医就成为必需品；当农户遭遇健康风险冲击后，就会产生就医行为。

健康风险具有损失强度和时间节点的不确定性特征，当农户家庭某个成员在生命周期某个时间点遭受健康风险损失时，农户家庭的资源禀赋和约束条件会发生改变，基于农户行为理论中农户是理性的假定，农户的行为目标由长期的追求收入增长和稳定转化为短期的风险分散和规避，在家庭理性的机制下，通过一系列经济行为包括就医行为、筹资行为、劳动供给行为等重新配置其家庭资源，最大限度地将个体风险在家庭内部分摊。当家庭积累的财富满足不了就医行为需要的大额医疗支出时，就需要通过筹资行为为患病的家庭成员筹集医疗费用，90% 以上的大病农户都曾有过借钱的经历（乔勇，2012）[165]。但是由于贫困地区农户受到的融资约束较为严重，很难从正规金融渠道筹资，绝大多数贫困农户只能通过非正规金融渠道筹资（李似鸿，2010；李明贤，2015）[164,229]。农户采取的筹资方式包括最为普遍的动用现金和储蓄、基于血缘和社会关系为纽带的亲朋借款、迫不得已的变卖资产等，这些对农户的生计造成了严重的影响。大额的医疗支出超出了农户家庭的收入水平，挤占了农户家庭的基本生活消费。在医疗保障制度还存在缺陷的情况下，如果医疗支出得不到有效的转嫁，那么很大程度上可能会导致农户陷入暂时性的经济困境。就医行为对贫困的影响主要体现在大额的医疗支出对农户生存状态的影响上，见图 6 - 2。

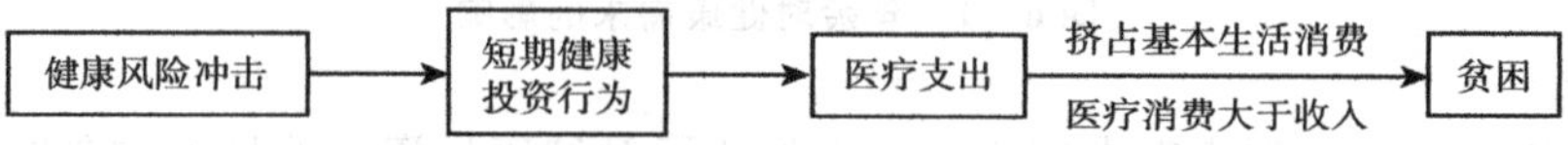

图 6 - 2　短期健康投资行为对贫困的影响

经过上述分析，我们可以提出以下基本假设：

H2：农户的短期健康投资行为（就医行为）会对农户的贫困状态产生影响。即农户家庭如果过去一年内发生了住院行为且有较大额度的医疗支出，则会产生因病致贫问题。

第二节　模型简介与设定

在社会科学领域，并非所有的变量都是连续的，也有许多变量是按照某种属性呈现的。若因变量属于分类变量而非连续变量，就无法利用线性回归进行分析。而 Logistic 回归模型较常用于二分类因变量分析，因为它既不要求自变量的属性，也无需考虑正态性和方差齐性，所以常用来预测某事件发生某种状况的概率。其优点是与其他回归模型相比更为简单、易行，也更符合本书的实际情况。Logistic 模型的基本形式如下：

$$P_j = F\left(\alpha + \sum_{i=1}^{m}\beta_i x_{ji} + \mu\right) = \frac{1}{1 + \exp\left[-\left(\alpha + \sum_{i=1}^{m}\beta_i x_{ji} + \mu\right)\right]} \quad (6-3)$$

根据式（6－3）得到：

$$\ln\frac{P_j}{1-P_j} = \alpha + \sum_{i=1}^{m}\beta_i X_j \quad (6-4)$$

公式（6－4）中，P_j表示个体采取某一行为的概率，X_j表示第 j 个影响因素，β_i为影响因素的回归系数，α 为截距项，μ 为误差项。$\frac{P_j}{1-P_j}$称为优势比（ODDS），表示两种选择的概率之比，假设 P_j是 $Y=1$ 的概率，P_j的取值范围介于［0，1］，对$\frac{P_j}{1-P_j}$取对数，将 LogisticP 作为因变量，则 i 个自变量为 X_1、X_2，…，X_i，对应的 Logistic 回归模型为：

$$\text{LogisticP} = \ln\frac{P}{1-P} = \beta_j X_j = \beta_0 + \beta_1 X_1 + \beta_2 X_2 + \cdots + \beta_i X_i \quad (6-5)$$

公式（6－5）中：$X_j(j=1,2,\cdots,i)$ 表示影响因变量的各项因素；β_j是 X_j 的偏回归系数，即当其他影响因素的取值保持不变时，该影响因素取值每增加一单位，所引起的两种选择概率比的对数变化量为常数项。本书将采用 Stata15.0 软件进行二元 Logistic 回归检验，以确定最终模型。

“农户贫困状态”这一因变量是取值介于［0，1］的二分变量，不适宜采用 OLS 模型进行回归，因此对“贫困状态”的分析属于离散选择问题，选用概率模型较为合适。如上所述，二元 Logistic 模型是对被解释变量为二分类变量进行二元回归分析的有效模型。根据二元 Logistic 模型，书中因变量量化取值：当农户处于贫困状态，取值为1；当农户处于不贫困状态时，取值为0。自变量是农户的就医行为，设置为 X。因此，构建模型如下：

$$Y = \text{Ln}\left\{\frac{p_i}{1-p_i}\right\} = \beta_0 + \beta X + \varepsilon \tag{6-6}$$

公式（6-6）中：Y 表示农户的贫困状态，指农户家庭目前是否贫困；X 表示农户的就医行为；β 为待估计系数，ε 为随机误差项。

第三节　变量说明与描述性统计

一、变量选择与说明

（一）因变量

要分析短期健康投资行为即就医行为对贫困的影响，首先要识别贫困。本书根据国家扶贫过程中的建档立卡贫困农户识别状况，区分研究样本。建档立卡贫困农户识别主要是以农户收入为基本依据，综合考虑住房、教育、健康等情况，通过一系列程序进行整户识别。具体采用“是否贫困”作为本章研究的因变量，如果是建档立卡贫困农户，则为1；如果不是，则为0。

（二）自变量

本章的自变量用“农户是否有就医行为”表示。由于就医行为包含的内容比较多，在参考了 CHNS 的调查问卷之后，为了更加全面地考察农户的健康风险冲击状况和就医行为，我们借鉴韩静舒等（2016）[199]、高梦滔等（2005）[20]对就医行为变量的衡量，将其综合应用到本书的分析中。用“您或其他家庭成员最近一年住院治疗的时间有多长”“您或其他家庭成员患病后，最近一年的医疗支出是否在5000元以上？”这两个问题来度量就医行为，回答具体住院时间并且医疗支出在5000元以上的样本记为1，表示农户家庭中有家庭成员住院，并且有较大额度的医疗支出，即认为就医行为变量为1；回答没有住院的样本记为0，即认为就医行为变量为0。这样也是为了获得简化、可操作的数据。

（三）控制变量

结合调查数据的可得性，参照已有的文献（Grossman，1972；封进，2009；孙梦洁等，2013）[5,152,158]，尽量选取诸多非时变的因素（高梦滔等，2005）[20]。本书将控制变量设定为个体特征、家庭特征、代际支持、地区特征四类。其中，①个体特征，指家庭人口学统计特征，包括年龄、受教育程度、民族、身体健康自评四个变量。②家庭特征，包括劳动力人数、户籍性质、目前的居住现状、家庭总收入四个变量。③代际支持，本书将子女向父母提供的经济支持作为代际支持的变量，如果在家庭收入来源中有子女补贴的，取值为1，否则取值为0。考虑到目前我国农村家庭劳动力大量外流，老龄化比较严重，子女的代际支持作为社会资本变量是影响其贫困的重要因素（宋璐等，2010）[77]。④地区特征，本书用农户家庭所在旗县农村牧区的人均可支配收入代替。很多研究在分析医疗消费支出时都会考虑地区差异（史清华等，2004；王翌秋等，2011）[201,202]。因为在中国，当前居民的收入在地区间的差异仍然比较显著，尤其在内蒙古，狭长的地理特征导致东西地区的差异比较大，为了突出差异性，选择调研样本所在旗县的人均收入，以控制区域特征对贫困状态的可能影响。

二、变量的描述性分析

因变量及自变量的具体说明及其描述性统计结果见表6－1。

表6－1　　　　变量含义及描述性统计

变量类别	变量名称	变量赋值	取值范围	均值	标准差
因变量	贫困状态	农户是否因病致贫，是＝1，否＝0	0—1	0.62	0.486
自变量	农户就医行为	农户就医且医疗支出大于5000元视为1，否则＝0	0—1	0.6	0.489

续表

变量类别	变量名称	变量赋值	取值范围	均值	标准差
个体特征	年龄	40—49 = 1，50—59 = 2，60—69 = 3，70—79 = 4，80 以上 = 5	1—5	2.17	0.961
	受教育程度	小学及以下 = 1，初中 = 2，高中/中专/技校 = 3，大学（本科/专科）及以上 = 4	1—4	2.41	0.944
	民族	汉族 = 1，非汉族 = 0	0—1	0.65	0.478
	身体健康自评	很好 = 5，较好 = 4，一般 = 3，差 = 2，较差 = 1	1—5	2.41	0.944
家庭特征	家庭劳动力人数	具有劳动能力的家庭成员数量	1—6	1.76	1.061
	户籍性质	农户 = 1，牧户和半农半牧户 = 0	0—1	0.8	0.402
	目前居住现状	1 = 独居，2 = 仅与父母同住，3 = 仅与老伴儿同住，4 = 与老伴儿及父母同住，5 = 与老伴儿及儿女同住	1—5	2.41	0.944
	农户家庭年收入	过去一年农户家庭年收入总额	1400—71452	19818.68	15580.881
代际支持	子女对父母的经济支持	家庭收入来源中是否有子女补贴，是 = 1，否 = 0	0—1	0.55	0.498
地区特征	各旗县人均可支配收入	各旗县农村牧区人均可支配收入（元）	9700—11266	10357.01	514.356

第四节　农户短期健康投资行为对贫困影响的实证分析

一、Logit 回归结果

本章运用二元 Logit 离散变量回归分析方法，通过 Stata15.0 统计软件进行分析。为了消除异方差，对家庭年收入、地区人均可支配收入两个变量取对数，在控制地区特征的基础上，实证分析农户短期健康投资行为对贫困的影响，具体分析结果如表 6-2 所示。

表 6-2　　　　Logit 实证分析结果

变量类别	变量名称	系数	Z 值	P 值
自变量	农户就医行为	4.0912***	6.03	0.000
个体特征	年龄	-1.1499***	-3.36	0.001
	户主受教育程度	-0.8705**	-2.47	0.014
	民族	0.4150	0.56	0.576
	身体健康自评	-0.7722***	-2.57	0.010
家庭特征	家庭劳动力人数	-2.1758***	-5.24	0.000
	户籍性质	-0.8240	-1.00	0.318
	目前居住现状	-0.4210	-1.64	0.102
	农户家庭年收入	-7.5872***	-8.32	0.000
代际支持	子女对父母的经济支持	-0.2364	-0.46	0.649
地区特征	各旗县人均可支配收入	-39.0502*	-1.74	0.081
_cons		435.2145**	2.09	0.037
R^2		0.8214		
N		529		
地区固定效应		控制		

注：***、** 和 * 分别表示在 1%、5% 和 10% 的水平上显著。

本书中的关键解释变量就医行为的回归系数为正，且在 1% 统计水平上显著，表明农户家庭过去一年内如果发生了住院行为，则会导致因病致贫问题加剧，这符合研究假设。通常深度贫困地区的农户家庭，只有在成员遭遇健康风险冲击时，才会产生对医疗服务的需求。一般情况下住院行为意味着需要较长时间的治疗，自然会带来较多的医疗支出，在医疗保障制度不健全的情况下，对贫困产生的影响非常大。

控制变量中有 6 个是呈显著相关的。年龄的回归系数为负，且在 1% 统计水平上显著，表明农户家庭成员的年龄越小，身体状况越好，劳动能力越强，因病致贫的可能越低；户主受教育程度的回归系数为负，且在 5% 的统计水平上显著，说明户主的受教育程度越高，选择的工作方式和生活方式也较为合理，会更多地使用其他人力资本，而非健康资本，身体健康状况会越好，家庭因病致贫的可能性越低；身体健康自评的回归系数为负，且在 1%

统计水平上显著，农户家庭成员的身体健康自评越差，说明健康资本下降，遭受的健康风险冲击程度越严重，越会增加因病致贫概率；在家庭特征中，农户家庭劳动力人数对贫困问题呈显著负相关，且在1%统计水平上显著，表明农户家庭劳动力人数越多，收入能力越强，带来的劳动力收入就越高，能够有效应对健康风险冲击导致的大额医疗支出，从而降低因病致贫的发生概率；农户家庭年收入的回归系数为负，且在1%统计水平上显著，表明农户家庭年收入越高，应对健康风险冲击的能力越强，家庭因病致贫的可能越低；地区人均可支配收入的回归系数为正，且在10%统计水平上显著。这说明地区经济状况越好，贫困程度越低。

二、工具变量检验

（一）工具变量选择

通过Logit回归结果，可以说明短期健康投资行为会对因病致贫产生显著影响，并且呈正相关。但根据理论和经验分析，因病致贫的问题反过来又会影响短期健康投资行为。这是一种恶性循环：一方面，农户由于健康资本下降，遭遇健康风险冲击，表现为就医行为导致的家庭支出急剧增大，严重超出家庭累积收入的承受范围，致使其实际生活水平长期处于一种绝对贫困的状态；另一方面，农户的贫困状态又会影响就医行为，可能得不到及时、有效的治疗，小病拖成大病，大病难以医治，对农户家庭产生严重影响。为了解决逆向因果关系，再结合本书数据是截面数据的特点，选择用工具变量法来消除解释变量的内生性问题，并保证所有变量具有外生性且是单向的影响关系。

工具变量是指该变量与模型中随机解释变量高度相关，但却不与随机误差项相关，那么就可以用此变量与模型中相应回归系数得到一个一致估计量。本书的关键解释变量是短期健康投资行为，结合工具变量的特性，为了增加检验结果的有效性和可靠性，选择旗县的医疗卫生机构床位数和医疗卫生机构技术人员作为短期健康投资行为的工具变量。根据其他学者的研究成果和经验估计，这两个变量对农户的短期健康投资行为会产生影响，又不会影响农户的贫困状态。两个变量的相关数据来源于2019年的《内蒙古统计年鉴》，年鉴的第二部分统计资料中有旗县级的数据，其中科技教育卫生社会保障指标中含有这两个指标，详细数据见表 6－3。

表 6－3 工具变量数据统计

盟市	旗县	医疗卫生机构床位数（个）	医疗卫生机构技术人员（人）
乌兰察布市	卓资县	384	470
	四子王旗	675	714
	察右后旗	430	621
	兴和县	800	1031
兴安盟	扎赉特旗	1461	1496
	科右前旗	1385	1631
	科右中旗	1547	1759
	突泉县	1006	1328
赤峰市	巴林左旗	1897	1687

资料来源：2019 年《内蒙古统计年鉴》。

（二）检验结果分析

在使用工具变量法时必须保证工具变量的有效性，否则会导致估计结果不一致或估计量方差过大。我们选择两阶段回归来检验工具变量的有效性，检验结果见表 6－4。

表 6－4 短期健康投资行为第一阶段的双工具变量检验结果

工具变量	系数	T 值	P 值
医疗卫生机构床位数	0.6234	1.31	0.191
医疗卫生机构技术人员	1.2283	1.73	0.085
_cons	34.27259	3.26	0.001
F 统计量	11.62		
R－squared	0.2789		

从表 6－4 的检验结果得知，“医疗卫生机构床位数”这个工具变量的回归系数不显著，和短期健康投资行为是不相关的，在现有数据的情况下，是无效工具变量，应该剔除，第二阶段的回归结果也就没有必要在书中显示。接下来，我们对“医疗卫生机构技术人员”进行工具变量的第二阶段回归检

验，检验结果见表6-5和表6-6。

表6-5　短期健康投资行为第一阶段的单工具变量检验结果

工具变量	系数	T值	P值
医疗卫生机构技术人员	1.8861***	5.11	0.000
_cons	-188.3836	-4.75	0.000
F统计量	11.62		
R-squared	0.2789		

通过单独对医疗卫生机构技术人员进行工具变量第一阶段回归，可得出结论（见表6-5），即该变量作为工具变量对短期健康投资行为具有显著影响，表明该工具变量与短期健康投资行为之间具有一定的相关性，且F统计量大于10，符合工具变量要求，拒绝了存在弱工具变量的原假设，在现有数据的情况下，是有效工具变量。

表6-6第二阶段回归结果显示，短期健康投资行为对农户因病致贫问题的影响在1%统计水平上显著，表明基准Logit回归与工具变量回归结果一致，研究结论是稳健的。此外，其他控制变量的估计系数与显著程度与表6-2基本一致，工具变量较好地控制了遗漏变量偏误。

表6-6　短期健康投资行为第二阶段的单工具变量检验结果

变量类别	变量名称	系数	Z值	P值
自变量	农户就医行为	3.5593**	2.45	0.014
个体特征	年龄	-0.6239***	-3.40	0.001
	户主受教育程度	-0.3673**	-1.98	0.047
	民族	0.1378	0.36	0.719
	身体健康自评	-0.3827**	-2.40	0.016
家庭特征	家庭劳动力人数	-1.0598***	-4.76	0.000
	户籍性质	-0.3618	-0.87	0.384
	目前居住现状	-0.2206	-1.62	0.106
	农户家庭年收入	-3.3772***	-5.19	0.000
代际支持	子女对父母的经济支持	0.0074	0.03	0.979
地区特征	各旗县人均可支配收入	-6.2706*	-1.68	0.081
_cons		-24.9897	-0.43	0.66

续表

变量类别	变量名称	系数	Z值	P值
Wald chi2		103.24		
N		529		
地区固定效应		控制		

注：*** 、** 和 * 分别表示在 1% 、5% 和 10% 的水平上显著。

本章小结

本章在健康需求理论的基础上，通过理论分析农户短期健康投资行为的产生机理，认为农户短期健康投资行为是在农户遭遇健康风险冲击之后，出于对风险的强烈规避以及对健康的需求而产生的农户理性行为，结合内蒙古深度贫困地区农户的实地调研数据，运用二元 Logit 回归模型，实证分析了农户短期健康投资行为对贫困的影响，在此基础上使用工具变量法对基准回归结果进行了稳健性检验。研究发现：

第一，农户的短期健康投资行为对贫困的影响呈显著正相关，说明这种行为会对农户的贫困状态产生影响，在医疗保障制度不健全、不完善的情况下，大额的医疗支出很容易让农户陷入因病致贫的状况。

第二，年龄、受教育程度、身体健康自评、家庭劳动力人数、家庭年收入等控制变量对贫困有显著影响，充分说明了农户个体特征、家庭特征这些和农户密切相关的基本变量能够影响贫困状态，具体的分析结果为本书的政策建议提供了思路。

第七章　农户长期健康投资行为对贫困的影响分析

按常理推断，随着经济社会的发展和生活水平的不断提高，人们的健康状况会越来越好，至少人们对健康改善的预期会更加乐观，然而事实并非完全如此。截至2018年底，中国人均健康预期寿命仅为68.7岁，高血压人口有1.6亿—1.7亿人，糖尿病患者达到9240万人，平均每30秒就有一个人罹患癌症，至少有一个人死于心脑血管疾病等，尤其在农村地区，因病致贫的比率一直居高不下，健康风险依然是农村贫困的最主要原因。从健康的特性来看，仅靠事后的医疗救治来维护健康不仅效率低且时机晚（黄奕祥，2011）[230]，因此提前的预防保健即长期健康投资是必不可少的。WHO（1991）[231]认为行为生活方式、环境因素、生物遗传因素和卫生服务因素对健康的影响分别占60%、17%、15%、8%，行为生活方式成为死亡的主要危险因素，再次说明长期健康投资的重要性。

目前的研究大多集中于短期健康投资行为即就医行为。学者们对其影响因素、医疗费用支出决策等进行了大量而富有成果的研究，对长期健康投资行为虽有所涉及，但是较为零散、单一，多是某种长期健康投资行为对健康状况的影响，而在如何定量考察长期健康投资行为对贫困的影响方面还存在进一步研究的空间，这也是本书的研究关键。本章使用二元Logit回归模型分析5种长期健康投资行为对农户贫困的影响。

第一节　理论分析框架

本书将农户长期健康投资行为的范围界定为搭配饮食、锻炼身体、参加体检三种正向长期健康投资行为，以及吸烟和喝酒两种负向长期健康投资行为。通过对文献的研读，长期健康投资行为是通过影响健康状况进而影响农户收入和贫困状况的。

经济学家通常把健康看作人力资本的一个组成部分，即投资于健康不仅可以提高劳动生产率，而且可以产生效用。但人们对健康的需求是不可能直接取得的，这同我们可以直接到商店购买某种商品有本质的不同。满足对健康需求的一个主要途径是获取卫生服务以及其他因素，例如营养、饮食习惯、生活环境等（赵忠等，2005）[155]。尤其是随着年龄的增加，其健康资本会不断折旧，需要对其进行投资。这和企业中的固定资产由于损耗而提取折旧是一个道理。Grossman（1972）[5]认为，健康投资有助于减缓自然衰老，延长寿命，理性人会选择将部分收入投资于健康。在经济学中，生产被描述成一种说明投入要素是如何被结合在一起制造出的函数关系。Henderson（2008）[45]认为，健康生产函数概括了健康状况和各种促进身体健康的因素之间的相关联系，他将这种关系写成：健康 = H（医疗保健、其他投入、时间）。根据 Grossman（1972）[5]的研究，健康投资包括增加消费者的休息时间、购买医疗保健和医药治疗等方面的服务和商品、加强身体锻炼、提高饮食的质量水平，以及改善住宿条件等。大量研究表明，当个人遭遇健康风险冲击后，通过就医行为可以使患病者恢复身体健康或者得到一定程度的改善。如果不考虑收入水平和教育情况，健康状况很大程度上依赖于个人的行为（Henderson，2008）[45]。医疗支出并不是改善健康的唯一手段，其他影响健康状况的因素，包括合理的饮食习惯、加强锻炼身体、良好的生活方式等，都会改善健康状况（韦艳等，2017）[37]。长期健康投资行为中的搭配饮食、营养摄入对健康状况都是具有显著正向影响的，比如食物消费和营养水平的提高能够使个人避免因长期营养不良而导致的各种疾病，同时改善了人本身的体魄和身体结构，增强了人们的抗病能力，降低生病概率，提高个人参与劳动的时间（Fogel，1991；Fogel，1994a；王弟海，2015）[168-170]。锻炼身体的行为能够显著提高人们的健康自评状况（谢健，2014；韦艳等，2017）[40,37]，经常参加健身、体育活动的人，其健康状况良好的优势是那些不常参加健身体育活动者的 1.3 倍左右（王甫勤，2012）[171]。吸烟作为负向的健康投资行为，会诱发肺癌、心血管疾病等健康风险，这无论是在临床诊断层面，还是在社会认知层面，都达成了一定的共识。特定的健康水平可以通过各种投入的不同组合来获取。不同的健康投资行为都会通过健康生产函数产生不同的健康水平。

我们用图7-1来说明长期健康投资行为对健康的影响。从图7-1可以看出，随着医疗支出的增长，健康状况得到改善，但是医疗支出的边际产出却在下降。换言之，当医疗费用处于较低水平时，额外的费用能大大改善健康状况，而当医疗费用处在较高水平时，却得到了较少的健康改善，用经济学原理解释就是边际收益递减规律（图7-1中描绘出的逐步趋于平缓的总产量曲线）。如果我们将图7-1中的生产函数[①]看做在一个给定的医疗支出上所能实现的最大限度的健康状况，假设一个人的医疗花费为Q_0，其他影响健康状况的因素不变，可实现的最大限度的健康状况为HS_0。改善健康状况的两种显而易见的方法：一是花更多的钱在医疗支出上从而在静态的健康生产函数（TP）上移动到一个更高点，或者改变生活方式，进行长期健康投资行为，将整个曲线向上移动（到TP′）。没有医疗费用的增长，HS_1仍然可以通过

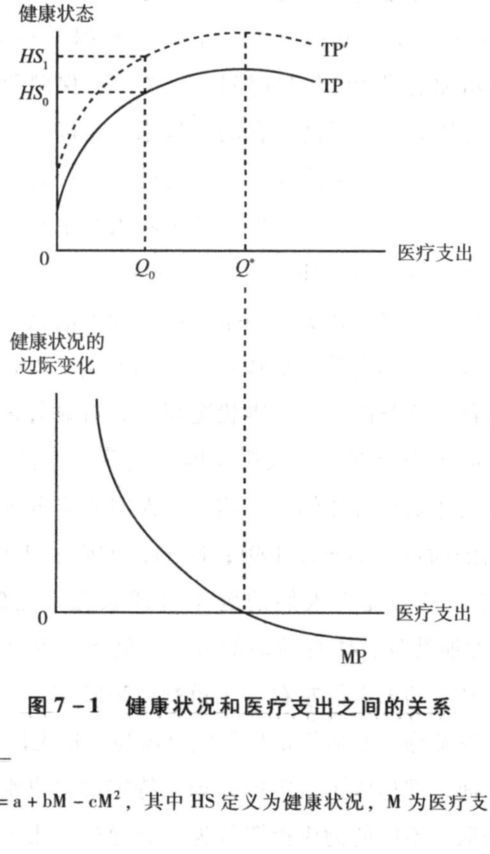

图7-1　健康状况和医疗支出之间的关系

① 生产函数：$HS = a + bM - cM^2$，其中HS定义为健康状况，M为医疗支出，常数项a代表无医疗支出时的健康水平。

改变生活方式，进行科学、合理的长期健康投资行为获得，比如进行适度的锻炼身体、合理搭配饮食、戒烟限酒。

由此可见，长期健康投资行为可以影响人们的健康水平，而健康水平又可以通过影响收入进而影响贫困状况。关于健康与贫困的关系，人们的研究已经证实了健康或疾病是家庭陷入贫困的根源，是长期贫困的重要决定因素（Dercon，2001）[173]，健康作为一种人力资本是可以避免农户陷入贫困陷阱的。

综上所述，长期健康投资行为通过影响健康水平进而影响贫困。贫困是一个多维层次的、复杂的概念，因此贫困产生的原因也是多元化的，也是很难回答的。贫困的直接原因往往比较清楚，无需做太多分析，但其最终原因却是模糊不清的（阿玛蒂亚森，2001）[174]。本书第二章对贫困成因理论进行了梳理和归纳，政治经济制度、自然环境、风险冲击等都会导致贫困，以往的研究从国家、社会、家庭不同层次分析了各种因素对贫困的直接或间接影响，并试图寻找减少贫困的政策路径。但是比较缺乏个人层次对贫困影响的研究，个人层次的角度主要是指个人的生活方式选择行为，即被界定为与健康风险相关的一系列行为模式（William C，2010）[232]，包括吸烟、饮食、锻炼、常规体检等与个人健康状态直接相关的近端因素（James S，2002）[233]。研究发现，农村居民食物消费对农村贫困有重要影响，对贫困率变动有较大的解释力（吴石磊等，2013）[234]。Liu Yuanli et al.（2006）[235]、钱军程等（2008）[236]发现吸烟会导致农村居民陷入收入贫困，对低收入人群的直接致贫作用明显，尤其是对农村低收入者的影响更为明显。图 7－2 说明了长期健康投资行为对贫困的影响路径。

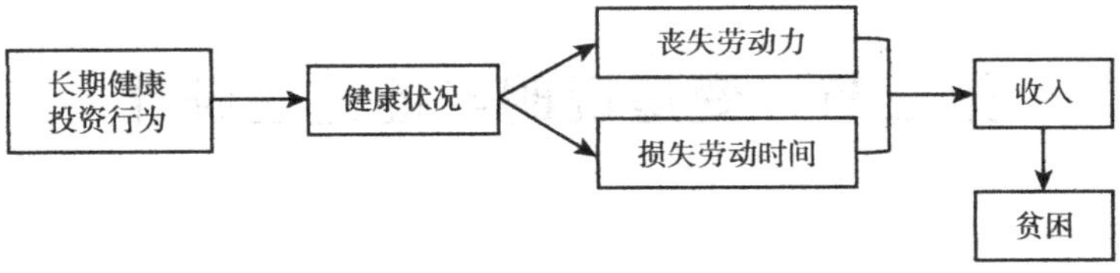

图 7－2　长期健康投资行为对贫困的影响

基于以上分析，得出如下假设：

H3：长期健康投资行为会对农户贫困产生影响。其中，正向长期健康投资行为的实施会降低贫困发生的概率，减少贫困，与贫困是呈显著负相关的；负向长期健康投资行为的实施会加剧贫困，导致因病致贫，与贫困应该是呈显著正相关的。

第二节 模型简介与设定

本书研究的因变量是农户的贫困状态，即是否因病致贫，赋值为0—1，是非连续的二分变量，不适宜采用 OLS 模型进行回归，较常用的方法是运用 Probit 和 Logit 等二元选择模型进行分析。两种回归模型的区别在于采用的分布函数不同，Probit 模型假设随机变量服从正态分布，而 Logit 模型假设随机变量服从逻辑概率分布。两种方法在估计结果方面并无明显差异（杨志海等，2015）[237]。本书选择采用二元 Logit 模型进行实证分析。Logit 模型，又被称为 Logistic regression 逻辑回归模型，是离散选择模型之一。该模型是最早的离散选择模型，也是目前应用最广泛的模型，原因在于其概率表达式的显性特点，模型的求解速度快，应用较为方便，在经济学、生物统计学、临床、数量心理学、市场营销等实证分析中被用来预测个人选择某种行为的概率。

由于农户贫困状态这一因变量是二分变量，Logit 模型函数表达式为：

$$Y = \text{Ln}\left\{\frac{p_i}{1-p_i}\right\} = \beta_0 + \beta X + \varepsilon \tag{7-1}$$

公式（7－1）中：Y 表示农户的贫困状态，指农户家庭目前是否贫困；X 表示农户的长期健康投资行为；β 为待估计系数，ε 为随机误差项。

第三节 变量说明与描述性统计

一、变量选择与说明

（一）因变量

要分析长期健康投资行为对贫困的影响，首先要识别贫困。本书根据国家扶贫过程中的建档立卡贫困农户识别状况，区分研究样本。建档立卡贫困农户识别主要是以农户收入为基本依据，综合考虑住房、教育、健康等情况，通过一系列程序进行整户识别。具体采用“是否贫困（因病致贫）”作为本章研究的因变量，如果是建档立卡贫困农户，则为1；如果不是，则为0。

（二）自变量

根据健康投资行为的概念以及内蒙古深度贫困旗县农户的特点，并参考中国健康与营养调查（CHNS）的调研要素，本章的自变量为农户的长期健康投资行为，分别为合理搭配饮食行为、锻炼身体行为、参与体检行为这三种正向长期健康投资行为，以及吸烟和喝酒这两种负向长期健康投资行为。在农户长期健康投资行为的测量中采用二分类变量的形式。设置的问题有：您家是否合理搭配饮食？您及其他家庭成员是否吸烟？如果有这种行为，记为1；如果没有，记为0。

合理搭配饮食行为综合考虑受访农户家庭的饮食习惯及饮食结构。如果受访农户的选择满足其中两项比较合理的饮食习惯，比如农户如果同时选择了吃饭口味很淡和每天都吃新鲜蔬菜，即认为其实施了合理搭配饮食行为，记为1；否则记为0。锻炼身体行为用“您及其他家庭成员是否锻炼身体?”衡量，如果受访农户选择了“是”并且有一种锻炼方式即认为其实施了锻炼身体行为，记为1；否则记为0。参与体检行为用“您及其他家庭成员是否体检?”衡量，此处的体检是指自费体检。由于体检在农户的日常生活中是不经常发生的，因此仅用一个问题来衡量，如果选择“是”记为1；否则，记为0。

农户吸烟和喝酒行为变量的设置参考 Hiroyuki Motegi et al（2020）[44]的做法，并结合调研实际，用“您及其他家庭成员是否吸烟?”表示受访者是否有吸烟行为，如果选择“是”的话，再结合受访者每天的吸烟量来衡量吸烟行为。根据调研情况，受访农户平均每天的吸烟量为18.7支，因此如果受访者有吸烟行为，并且每天的吸烟量达到20支（1盒）即记为1；否则，记为0。用“您及其他家庭成员是否喝酒?”表示受访者是否有喝酒行为，如果选择“是”的话，再结合每周的喝酒频率共同反映受访者的喝酒行为。如果受访者几乎每天都喝或每周喝3—4次，那么将其喝酒行为记为1，否则记为0。

（三）控制变量

根据要求再结合调查数据的可得性，参照已有的文献（Grossman，1972；封进，2009；孙梦洁等，2013）[5,152,158]，尽量选取诸多非时变的因素（高梦滔等，2005）[20]，本书将控制变量设定为个体特征、家庭特征、代际支持、地区特征四类。其中，①个体特征指家庭人口学统计特征，包括年龄、受教育程度、民族、身体健康自评四个变量。②家庭特征包括劳动力人数、户籍性质、目前的居住现状、家庭总收入四个变量。③代际支持，本书将子女向父母提供的经济支持作为代际支持的变量，如果在家庭收入来源中有子女补贴的，视为1，否则视为0。考虑到目前我国农村家庭劳动力大量外流，老龄化比较严重，子女的代际支持作为社会资本变量是影响其贫困的重要因素（宋璐等，2010）[77]。④地区特征，用农户家庭所在旗县农村牧区的人均可支配收入代替。很多研究在分析医疗消费支出时都会考虑地区差异（史清华等，2004；王翌秋等，2011）[201,202]，因为在中国，当前居民的收入在地区间的差异仍然比较显著。尤其在内蒙古，狭长的地理特征导致东西地区的差异比较大，为了突出差异性，选择调研样本所在旗县的人均收入作为地区特征，以控制区域特征对贫困状态的可能影响。

二、变量描述性统计分析

因变量及自变量的具体说明及其描述性统计结果见表7－1。

表7－1　　变量含义及描述性统计

变量类别	变量名称	变量含义	取值范围	均值	标准差
因变量	贫困状态	农户是否因病致贫，是＝1，否＝0	0—1	0.62	0.486
自变量	合理搭配饮食行为	是否合理搭配饮食，是＝1，否＝0	0—1	0.46	0.499
	锻炼身体行为	是否锻炼身体，是＝1，否＝0	0—1	0.51	0.500
	参与体检行为	是否参与体检，是＝1，否＝0	0—1	0.42	0.493
	吸烟行为	是否吸烟，是＝1，否＝0	0—1	0.58	0.493
	喝酒行为	是否喝酒，是＝1，否＝0	0—1	0.54	0.499
个体特征	年龄	40—49＝1，50—59＝2，60—69＝3，70—79＝4，80以上＝5	1—5	2.17	0.961
	受教育程度	小学及以下＝1，初中＝2，高中/中专/技校＝3，大学（本科/专科）及以上＝4	1—4	2.41	0.944
	民族	汉族＝1，非汉族＝0	0—1	0.65	0.478
	身体健康自评	很好＝5，较好＝4，一般＝3，差＝2，较差＝1	1—5	2.41	0.944

续表

变量类别	变量名称	变量含义	取值范围	均值	标准差
家庭特征	家庭劳动力人数	具有劳动能力的家庭成员数量	1—6	1.76	1.061
	户籍性质	农户 =1，牧户和半农半牧户 =0	0—1	0.8	0.402
	目前居住现状	1 = 独居，2 = 仅与父母同住，3 = 仅与老伴儿同住，4 = 与老伴儿及父母同住，5 = 与老伴儿及儿女同住	1—5	2.41	0.944
	农户家庭年收入	过去一年农户家庭年收入总额（元）	1400—71452	19818.68	15580.881
代际支持	子女对父母的经济支持	家庭收入来源中是否有子女补贴，是 =1，否 =0	0—1	0.55	0.498
地区特征	各旗县人均收入	各旗县农村牧区人均可支配收入（元）	9700—11266	10357.01	514.356

第四节　农户长期健康投资行为对贫困影响的实证分析

一、合理搭配饮食行为结果分析

（一）Logit 回归结果

本章运用 Stata15.0 软件，通过 Logit 离散变量回归分析方法，并为了消除异方差，对家庭年收入、地区人均可支配收入两个变量取对数，在控制地区特征的基础上，实证分析长期健康投资行为中合理搭配饮食行为对因病致贫的影响，具体分析结果如表 7 -2 所示。

表 7 -2 的数据分析结果显示，本章中作为关键解释变量的合理搭配饮食行为对因病致贫问题呈显著负相关，且在 5% 统计水平上显著，这和理论假设是一致的。农户在遭遇健康风险冲击之前如果经常性地合理搭配饮食，包括多吃新鲜蔬菜和水果、少油少盐、食物种类比较丰富等，就会减少因病致贫问题。我们常说，病从口入，其实日常生活中的很多疾病都和我们的饮食结

表 7－2　　合理搭配饮食行为的 Logit 实证分析结果

变量类别	变量名称	系数	Z 值	P 值
自变量	是否合理搭配饮食	－0.9945**	－2.47	0.013
个体特征	年龄	0.5624**	2.47	0.014
	受教育程度	－0.7778***	－2.92	0.004
	民族	0.2940	0.51	0.610
	身体健康自评	－0.5351**	－2.43	0.015
家庭特征	家庭劳动力人数	－1.7328***	－5.60	0.000
	户籍性质	－0.0324	－0.05	0.960
	目前居住现状	－0.2378	－1.12	0.264
	农户家庭年收入	－6.8066***	－10.30	0.000
代际支持	子女对父母的经济支持	－0.3762	－0.88	0.188
地区特征	各旗县人均可支配收入	－23.7531	－1.32	0.380
_cons		287.0692***	1.72	0.085
R^2		0.7400		
N		529		
地区固定效应		控制		

注：***、** 和 * 分别表示在 1%、5% 和 10% 的水平上显著。

构、饮食方式密切相关，尤其是长期慢性病更是和饮食方式关系密切。根据调研数据，导致农村牧区居民因病致贫的疾病可能是突发性的重大疾病，如癌症，也可能是病程较长且病情迁延不愈的长期慢性疾病。从患病类型比重的角度来看，长期慢性病的比重是最高的，比如高血压、糖尿病、脑供血不足、中风等，同时样本中能够做到合理搭配饮食的却不足一半。可见，对于农户来说，如果不改变饮食习惯，不均衡搭配营养，对其因病致贫产生的影响则会非常大。

控制变量中有五个是呈显著相关的。年龄的回归系数为正，且在 5% 统计水平上显著。这表明农户家庭成员的年龄越大，身体状况越差，劳动能力越弱，因病致贫的可能越高；户主受教育程度的回归系数为负，且在 1% 的统计水平上显著，说明户主的受教育程度越高，选择的工作方式和生活方式也较为合理，会更多地使用其他人力资本，而非健康资本，身体健康状况会越好，家庭因病致贫的可能越低；身体健康自评的回归系数为负，且在 5% 统计水平上显著，农户家庭成员的身体健康自评越差，说明遭受的健康风险冲击程度越严重，越会增加因病致贫问题；在家庭特征中，农户家庭劳动力人数对贫困问题呈显著负相关，且在1%统计水平上显著，表明农户家庭劳动力人数越多，收入能力越强，带来的劳动力收入就越高，能够有效应对健康风险冲击导致的大额医疗支出，从而降低因病致贫的发生概率；农户家庭年收入的回归系数为负，且在1%统计水平上显著，表明农户家庭年收入越高，应对健康风险冲击的能力越强，家庭因病致贫的可能越低。

（二）工具变量检验

通过 Logit 回归结果，可以暂时说明长期健康投资行为中的合理搭配饮食行为会对因病致贫产生显著影响，并且呈负相关。但是因病致贫的问题反过来又会影响合理搭配饮食行为。Bernhem et al（2015）[238]研究指出，贫困者行为选择对贫困动态有显著的决定性影响。贫困会导致个体行为产生偏差（方迎风，2019）[239]，影响到家庭的消费行为，并倾向于消费一些高胆固醇的非健康食品（Cornia，1994）[240]，导致营养摄入的不足。为了解决逆向因果关系，再结合本书数据是截面数据的特点，选择用工具变量法来消除解释变量的内生性问题，并保证所有变量具有外生性且是单向的影响关系。

工具变量是指该变量与模型中随机解释变量高度相关，但却不与随机误差项相关，我们可以利用此变量和模型中相应回归系数得到一个一致估计量。本书的关键解释变量是合理搭配饮食行为，包括9个旗县的调研样本，对每个旗县样本的合理搭配饮食行为变量进行加总，再用总和减去每个样本点对应的值，除以旗县样本总数，得到平均值。把该平均值当做每个农户合理搭配饮食行为的工具变量（伍德里奇，2018）[241]。在使用工具变量法时必须保证工具变量的有效性，否则会导致估计结果不一致或估计量方差过大。我们选择两阶段回归来检验工具变量的有效性，检验结果见表7-3和表7-4。

表7-3　合理搭配饮食行为第一阶段的工具变量检验结果

工具变量	系数	T值	P值
去掉样本点的平均值	-57.0899***	-203.13	0.000
_cons	-158.1753***	-70.22	0.000
F统计量	2403.83		
R-squared	0.9884		

表7-3中第一阶段回归结果显示，去掉样本点的平均值作为工具变量对合理搭配饮食行为具有显著影响，表明该工具变量与合理搭配饮食行为之间具有一定的相关性，F统计量符合工具变量要求，拒绝了存在弱工具变量的原假设，在现有数据的情况下，是有效工具变量。

表7-4　　合理搭配饮食行为第二阶段的工具变量检验结果

变量类别	变量名称	系数	Z值	P值
自变量	是否合理搭配饮食	-0.5890***	-2.76	0.006
个体特征	年龄	0.3424***	2.74	0.006
	受教育程度	-0.3796***	-2.78	0.005
	民族	0.0914	0.30	0.763
	身体健康自评	-0.2628**	-2.28	0.022
家庭特征	家庭劳动力人数	-0.9427***	-5.96	0.000
	户籍性质	-0.0008	-0.00	0.998
	目前居住现状	-0.1092	-1.00	0.315
	农户家庭年收入	-3.6928***	-11.62	0.000
代际支持	子女对父母的经济支持	-0.1947	-0.87	0.382
地区特征	各旗县人均可支配收入	-13.3147	-1.36	0.174
_cons		159.5843*	1.77	0.077
Wald chi2		151.52		
N		529		
地区固定效应		控制		

注：***、**和*分别表示在1%、5%和10%的水平上显著。

表7-4的第二阶段回归结果显示，合理搭配饮食行为对农户因病致贫问题的影响在1%统计水平上显著，表明基准Logit回归与工具变量回归结果一致，研究结论是稳健的。此外，其他控制变量的估计系数及显著程度与表7-2基本一致，工具变量较好地控制了遗漏变量偏误。

二、锻炼身体行为结果分析

（一）Logit回归结果

本章运用Stata15.0软件，通过Logit离散变量回归分析方法，实证分析长期健康投资行为中锻炼身体行为对因病致贫的影响，具体分析结果如表7-5所示。

表7-5　锻炼身体行为的 Logit 实证分析结果

变量类别	变量名称	系数	Z值	P值
自变量	是否锻炼身体	-0.0039	-0.01	0.993
个体特征	年龄	0.5468**	2.45	0.014
	受教育程度	-0.8154***	-3.14	0.002
	民族	0.1995	0.35	0.727
	身体健康自评	-0.5295**	-2.43	0.015
家庭特征	家庭劳动力人数	-1.8283***	-5.92	0.000
	户籍性质	-0.1304	-0.20	0.840
	目前居住现状	-0.2741	-1.35	0.177
	农户家庭年收入	-6.9338***	-10.30	0.000
代际支持	子女对父母的经济支持	-0.4552	-1.09	0.137
地区特征	各旗县人均可支配收入	-25.9247	-1.49	0.275
_cons		307.9574***	1.91	0.056
R^2		0.7311		
N		529		
地区固定效应		控制		

注：***、**和*分别表示在1%、5%和10%的水平上显著。

表7-5的数据分析结果显示，本章中作为关键解释变量的锻炼身体行为对贫困问题是不显著的，表明农户的锻炼身体行为和因病致贫是没有相关性的，这和理论假设不一致。可能的原因在于内蒙古农村地区的机械化水平逐渐提高，农业生产主要依靠机械化工具，农民已经不再像过去主要从事繁重的体力劳动，但是和城镇居民相比，依然还要进行农业劳动。虽然农业劳动和体育锻炼不同，农业劳动是重复的、单调的，但是对于农民来说，劳动使身体某一部位的肌肉或组织得到了锻炼，也能起到一定程度强身健体的作用。从这个角度讲，锻炼身体行为和因病致贫是没有相关性的。

（二）工具变量检验

Logit 的回归结果显示，锻炼身体行为和因病致贫是不相关的。为了提高研究结论的可信度，我们按照上述选择工具变量的方法，对每个旗县样本的锻炼身体行为变量进行加总，再用总和减去每个样本点对应的值，除以旗县样本总数，得到平均值，把该平均值当做每个农户锻炼身体行为的工具变量，运用两阶段回归来检验工具变量的有效性，检验结果见表7-6和表7-7。

表7-6　　锻炼身体行为第一阶段的工具变量检验结果

工具变量	系数	T值	P值
去掉样本点的平均值	-59.69***	-48.5964	0.000
F统计量	223.71		
R-squared	0.8876		

表7-6中第一阶段回归结果显示，去掉样本点的平均值作为工具变量对锻炼身体行为具有显著影响，表明该工具变量与锻炼身体行为之间具有一定的相关性。F统计量符合工具变量要求，拒绝了存在弱工具变量的原假设，在现有数据的情况下，是有效工具变量。

表7-7　　锻炼身体行为第二阶段的工具变量检验结果

变量类别	变量名称	系数	Z值	P值
自变量	是否锻炼身体	-0.2802	1.12	0.262
个体特征	年龄	0.3306***	2.62	0.009
	受教育程度	-0.4168***	-2.98	0.003
	民族	0.0267	0.09	0.931
	身体健康自评	-0.2565**	-2.18	0.029
家庭特征	家庭劳动力人数	1.0237***	6.23	0.000
	户籍性质	-0.0319	-0.09	0.926
	目前居住现状	-0.1217	-1.13	0.259
	农户家庭年收入	-3.8854***	-11.47	0.000
代际支持	子女对父母的经济支持	-0.2680	-1.17	0.134
地区特征	各旗县人均可支配收入	-14.5570	-1.50	0.241
_cons		172.4317**	1.93	0.054
Wald chi2		146.87		
地区固定效应		控制		
N		529		

注：***、**和*分别表示在1%、5%和10%的水平上显著。

表 7－7 的第二阶段回归结果显示，锻炼身体行为对农户因病致贫没有显著影响，表明基准 Logit 回归与工具变量回归结果一致，研究结论是稳健的。

三、参与体检行为结果分析

（一）Logit 回归结果

本章运用 Stata15.0 软件，通过 Logit 离散变量回归分析方法，实证分析长期健康投资行为中参与体检行为对因病致贫的影响，具体分析结果如表 7－8 所示。

表 7－8　　参与体检行为的 Logit 实证分析结果

变量类别	变量名称	系数	Z 值	P 值
自变量	是否参与体检	－0.9833**	－2.41	0.016
个体特征	年龄	0.5212**	2.31	0.021
	受教育程度	－0.7230***	－2.73	0.006
	民族	0.1516	0.26	0.794
	身体健康自评	－0.5119**	－2.34	0.019
家庭特征	家庭劳动力人数	－1.7366***	－5.61	0.000
	户籍性质	－0.0893	－0.14	0.892
	目前居住现状	－0.2511	－1.21	0.228
	农户家庭年收入	－6.8201***	－10.35	0.000
代际支持	子女对父母的经济支持	－0.4541	－1.06	0.289
地区特征	各旗县人均可支配收入	－30.5231*	－1.69	0.091
_cons		349.3067**	2.09	0.037
R^2		0.7395		
N		529		
地区固定效应		控制		

注：***、** 和 * 分别表示在 1%、5% 和 10% 的水平上显著。

表 7－8 的数据分析结果显示，本章中作为关键解释变量的参与体检行为对因病致贫问题呈显著负相关，且在 5% 统计水平上显著，符合理论假设。农户在遭遇健康风险冲击之前如果能够有规律地参与体检，则可以及早发现疾病线索和健康隐患，进行及时的治疗，降低健康风险损失，从而减少因病

致贫。调研过程中我们发现贫困农户家庭中患病者在得病之前参加过自费体检的少之又少，除了经济能力的制约以外，还存在讳疾忌医的情况，反映了贫困农牧民的健康投资意识较差，家庭内其他成员受家庭落后观念的影响，也会不参与体检，这种家户内部的因素会产生行为的传递效应（方迎风，2019）[239]，父母对体检行为的选择会直接影响到子女的行为。另外，农户家庭的体检行为会受到社会交互效应比如群体效应、邻里效应等影响。如果农户所在村庄整体较为落后，同村的居民都没有健康投资意识，没有体检的习惯，必定会对其行为决策产生影响。各级政府出台的健康扶贫政策虽然能够帮助农牧民减少因病致贫，但终归还是事后的补救措施。内蒙古于2017年出台了健康扶贫工作推进方案，以旗县（市、区）为单位，为建档立卡贫困人口开展免费健康体检，根据体检结果进行分类分批治疗。这有助于疾病的早发现、早治疗，能够减少健康风险对农牧民的负面冲击。但是这些措施对于已经患病的贫困农牧民来说，是一种事后措施。同时，免费体检大多都是常规检查项目，只能起到初步的预防保健作用，对于一些比较复杂的大病重病，常规体检的预防作用还稍显不足。

控制变量中有6个是呈显著相关的。年龄的回归系数为正，且在5%统计水平上显著，表明农户家庭成员的年龄越大，身体状况越差，劳动能力越弱，因病致贫的可能越高；户主受教育程度的回归系数为负，且在1%的统计水平上显著，说明户主的受教育程度越高，选择的工作方式和生活方式也较为合理，会更多地使用其他人力资本，而非健康资本，身体健康状况会越好，家庭因病致贫的可能越低；身体健康自评的回归系数为负，且在5%统计水平上显著，农户家庭成员的身体健康自评越差，说明遭受的健康风险冲击程度越严重，越会增加因病致贫问题；在家庭特征中，农户家庭劳动力人数对贫困问题呈显著负相关，且在1%统计水平上显著，表明农户家庭劳动力人数越多，收入能力越强，带来的劳动力收入就越高，能够有效应对健康风险冲击导致的大额医疗支出，从而降低因病致贫的发生概率；农户家庭年收入的回归系数为负，且在1%统计水平上显著，表明农户家庭年收入越高，应对健康风险冲击的能力越强，家庭因病致贫的可能越低；地区人均可支配收入的回归系数为正，且在10%统计水平上显著，说明地区经济状况越好，贫困程度越低。

（二）工具变量检验

通过表7－8的Logit回归结果，可以暂时说明长期健康投资行为中的参与体检行为会对因病致贫产生显著影响，并且呈负相关。但是贫困问题反过来又会影响体检行为。Mani et al（2013）[242]指出贫困能够导致认知能力下降。Haushofer & Fher（2014）[243]指出，贫困使人产生压力和负面情绪，会导致贫困者短视。通过这些研究结论，我们可以初步推测贫困会对农户的健康投资意识和行为产生影响，进而不会参与体检。为了解决逆向因果关系，我们选择工具变量法进行检验。对每个旗县样本的参与体检行为变量进行加总，再用总和减去每个样本点对应的值，除以旗县样本总数，得到平均值，把该平均值当做每个农户参与体检行为的工具变量。运用两阶段回归来检验工具变量的有效性，检验结果见表7－9和表7－10。

表7－9　　参与体检行为第一阶段的工具变量检验结果

工具变量	系数	T值	P值
去掉样本点的平均值	－7.7251***	－10.22	0.000
F统计量	10.45		
R－squared	0.3205		

表7－9中第一阶段回归结果显示，去掉样本点的平均值作为工具变量对参与体检行为具有显著影响，表明该工具变量与参与体检行为之间具有一定的相关性，F统计量符合工具变量要求，拒绝了存在弱工具变量的原假设，在现有数据的情况下，是有效工具变量。

表7－10　　参与体检行为第二阶段的工具变量检验结果

变量类别	变量名称	系数	Z值	P值
自变量	是否参与体检	－2.3665***	－3.05	0.002
个体特征	年龄	0.2739***	2.01	0.044
	受教育程度	－0.2755*	－1.85	0.065
	民族	0.0464	0.14	0.890
	身体健康自评	－0.2475*	－1.95	0.051

续表

变量类别	变量名称	系数	Z 值	P 值
家庭特征	家庭劳动力人数	-0.9172***	-5.42	0.000
	户籍性质	-0.1442	-0.39	0.698
	目前居住现状	-0.0506	-0.43	0.667
	农户家庭年收入	-3.5718***	-10.91	0.000
代际支持	子女对父母的经济支持	-0.3700	-1.47	0.142
地区特征	各旗县人均可支配收入	-18.9053*	-1.77	0.077
_cons		210.1379**	2.13	0.033
Wald chi2		140.28		
地区固定效应		控制		
N		529		

注：***、**和*分别表示在1%、5%和10%的水平上显著。

表7-10的第二阶段回归结果显示，参与体检行为对农户因病致贫问题的影响在1%统计水平上显著，表明基准Logit回归与工具变量回归结果一致，研究结论是稳健的。此外，其他控制变量的估计系数与显著程度与表7-8基本一致，工具变量较好地控制了遗漏变量偏误。

四、吸烟行为结果分析

（一）Logit 回归结果

本章运用Stata15.0软件，通过Logit离散变量回归分析方法，实证分析长期健康投资行为中的负向投资行为即吸烟行为对因病致贫的影响，具体分析结果如表7-11所示。

表7-11　吸烟行为的Logit实证分析结果

变量类别	变量名称	系数	Z 值	P 值
自变量	是否吸烟	0.8949**	2.09	0.036
个体特征	年龄	0.5133**	2.35	0.019
	受教育程度	-0.8480***	-3.20	0.001
	民族	0.2291	0.39	0.693
	身体健康自评	-0.4928**	-2.26	0.024

续表

变量类别	变量名称	系数	Z值	P值
家庭特征	家庭劳动力人数	-1.8399***	-5.91	0.000
	户籍性质	-0.0451	-0.07	0.945
	目前居住现状	-0.2423	-1.18	0.237
	农户家庭年收入	-6.9310***	-10.24	0.000
代际支持	子女对父母的经济支持	-0.4175	-0.99	0.178
地区特征	各旗县人均可支配收入	-24.1624	-1.35	0.323
_cons		290.9486*	1.76	0.079
R^2		0.7375		
N		529		
地区固定效应		控制		

注：***、**和*分别表示在1%、5%和10%的水平上显著。

表7-11的数据分析结果显示，本章中作为关键解释变量的吸烟行为对贫困问题呈显著正相关，且在5%统计水平上显著，符合理论假设。调研样本中，受访者及农户家庭患病者得病前有吸烟行为的占58%，受访者为户主的样本中，吸烟行为比例达67%，其中男性比例高达92.7%。这说明在内蒙古深度贫困地区，农村居民吸烟率较高。有吸烟行为的样本中，曾经戒过烟的只有38.1%，戒烟的意愿普遍较低，戒烟的原因主要是已经患病，担心吸烟影响身体健康的恢复，但是疾病一旦减轻，又开始继续吸烟。吸烟影响身体健康是20世纪最基本的医学结论之一，首先从影响肺部健康开始，烟草中的有害成分迅速扩散到全身，伤害所有的脏器和器官。吸烟行为影响健康，可以直接导致因病致贫。

控制变量中有5个是呈显著相关的。年龄的回归系数为正，且在5%统计水平上显著，表明农户家庭成员的年龄越大，健康资本的折旧率越高，身体状况就越差，具备的劳动能力越弱，因病致贫的可能性也就越高；户主受教育程度的回归系数为负，且在1%的统计水平上显著，说明户主的受教育程度越高，选择的工作方式和生活方式也较为合理，会更多地使用其他人力资本，而非健康资本，身体健康状况会越好，家庭因病致贫的可能越低；身体健康自评的回归系数为负，且在5%统计水平上显著，农户家庭成员的身体健康自评越差，说明遭受的健康风险冲击程度越严重，越会增加因病致贫问题；在家庭特征中，农户家庭劳动力人数对贫困问题呈显著负相关，且在1%统计水平上显著，表明农户家庭劳动力人数越多，收入能力越强，带来的劳动力收入就越高，能够有效应对健康风险冲击导致的大额医疗支出，从而降低因病致贫的发生概率；农户家庭年收入的回归系数为负，且在1%统计水平上显著，表明农户家庭年收入越高，应对健康风险冲击的能力越强，家庭因病致贫的可能越低。

（二）工具变量检验

通过表7－11的Logit回归结果，可以暂时说明长期健康投资行为中的吸烟行为会对因病致贫产生显著影响，并且呈正相关。但是贫困问题反过来又会影响吸烟行为。Haushofer & Fher（2014）[243]指出，贫困使人产生压力和负面情绪，会导致贫困者短视。Lynch et al（1997）[244]以健康行为传递为对象研究为什么贫困者的行为表现很差？他们发现贫困者很多行为对健康有害，尤其在消费行为方面，大多数贫困者的支出主要用于烟、酒等物品，这会直接导致较差的健康状况。为了解决逆向因果关系，我们选择工具变量法进行检验。对每个旗县样本的吸烟行为变量进行加总，再用总和减去每个样本点对应的值，除以旗县样本总数，得到平均值，把该平均值当做每个农户吸烟行为的工具变量，运用两阶段回归来检验工具变量的有效性，检验结果见表7－12和表7－13。

表7－12　　吸烟行为第一阶段的工具变量检验结果

工具变量	系数	T值	P值
去掉样本点的平均值	16.5744***	14.35	0.004
F统计量	14.65		
R－squared	0.3408		

表7－12中第一阶段回归结果显示，去掉样本点的平均值作为工具变量对吸烟行为具有显著影响，表明该工具变量与吸烟行为之间具有一定的相关性，F统计量符合工具变量要求，拒绝了存在弱工具变量的原假设，在现有数据的情况下，是有效工具变量。

表 7－13　　吸烟行为第二阶段的工具变量检验结果

变量类别	变量名称	系数	Z 值	P 值
自变量	是否吸烟	0.9616*	1.85	0.065
个体特征	年龄	0.3527***	2.71	0.007
	受教育程度	－0.4078***	－2.81	0.005
	民族	0.0712	0.22	0.827
	身体健康自评	－0.3029**	－2.39	0.017
家庭特征	家庭劳动力人数	－1.0409***	－6.11	0.000
	户籍性质	－0.0449	－0.12	0.901
	目前居住现状	－0.1103	－0.97	0.330
	农户家庭年收入	－3.9837***	－11.25	0.000
代际支持	子女对父母的经济支持	－0.2739	－1.14	0.254
地区特征	各旗县人均可支配收入	－16.3992	－1.58	0.115
_cons		190.9994**	1.99	0.047
Wald chi2		141.88		
地区固定效应		控制		
N		529		

注：***、** 和 * 分别表示在 1%、5% 和 10% 的水平上显著。

表 7－13 的第二阶段回归结果显示，吸烟行为对农户因病致贫问题的影响在 10% 统计水平上显著，表明基准 Logit 回归与工具变量回归结果一致，研究结论是稳健的。此外，其他控制变量的估计系数与显著程度与表 7－11 基本一致，工具变量较好地控制了遗漏变量偏误。

五、喝酒行为结果分析

（一）Logit 回归结果

本章运用 Stata15.0 软件，通过 Logit 离散变量回归分析方法，实证分析长期健康投资行为中的负向投资行为即喝酒行为对因病致贫的影响，具体分析结果如表 7－14 所示。

表 7－14　　喝酒行为的 Logit 实证分析结果

变量类别	变量名称	系数	Z 值	P 值
自变量	是否喝酒	1.2033**	2.69	0.007
个体特征	年龄	0.5891**	2.55	0.011
	受教育程度	－0.8576***	－3.23	0.001
	民族	－0.0903	－0.15	0.880
	身体健康自评	－0.5625**	－2.56	0.011
家庭特征	家庭劳动力人数	－1.8920***	－5.94	0.000
	户籍性质	－0.2265	－0.35	0.726
	目前居住现状	－0.2270	－1.11	0.266
	农户家庭年收入	－7.0903***	－10.13	0.000
代际支持	子女对父母的经济支持	－0.3387	－0.79	0.431
地区特征	各旗县人均可支配收入	－26.9651	－1.48	0.140
_cons		318.7644*	1.88	0.060
R^2		0.7422		
N		529		
地区固定效应		控制		

注：***、** 和 * 分别表示在 1%、5% 和 10% 的水平上显著。

表 7－14 的数据分析结果显示，本章中作为关键解释变量的喝酒行为对贫困问题呈显著正相关，且在 5% 统计水平上显著，符合理论假设。调研样本中，受访者及农户家庭患病者得病前有喝酒行为的占 53.8%，受访者为户主的样本中，有喝酒行为的比例达 61.5%，其中男性比例高达 92.6%，说明饮酒行为在内蒙古深度贫困农村地区较为普遍。有喝酒行为的样本中，有较大一部分开始喝酒的年龄较早，喝酒年限很长。一方面，深度贫困地区的经济状况直接影响到男性的喝酒意愿，通过喝酒在一定程度上可以缓解心理的压力，寻求一种心理上的放松。但是如果长期喝酒，并有酗酒行为，那么一定会影响到身体的健康状况。另一方面，家庭环境会影响到女性的喝酒行为。和吸烟行为表现出来的特征一样，当意识到身体存在健康隐患并感觉到不舒服时，会少喝酒或不喝酒，但是疾病一旦减轻，又开始继续喝酒。因此较多的喝酒行为会影响健康，可以增加因病致贫的概率。

控制变量中有 5 个是呈显著相关的。年龄的回归系数为正，且在 5% 统计水平上显著，表明农户家庭成员的年龄越小，身体状况越好，劳动能力越强，因病致贫的可能越低，反之年龄越大，因病致贫的可能性就越高；受教育程度的回归系数为负，且在1%的统计水平上显著，说明户主的受教育程度越高，选择的工作方式和生活方式也较为合理，会更多地使用其他人力资本，而非健康资本，身体健康状况会越好，家庭因病致贫的可能越低；身体健康自评的回归系数为负，且在5%统计水平上显著，农户家庭成员的身体健康自评越差，说明遭受的健康风险冲击程度越严重，越会增加因病致贫问题；在家庭特征中，农户家庭劳动力人数对贫困问题呈显著负相关，且在1%统计水平上显著，表明农户家庭劳动力人数越多，收入能力越强，带来的劳动力收入就越高，能够有效应对健康风险冲击导致的大额医疗支出，从而降低因病致贫的发生概率；农户家庭年收入的回归系数为负，且在1%统计水平上显著。这表明农户家庭年收入越高，应对健康风险冲击的能力越强，家庭因病致贫的可能越低。

（二）工具变量检验

通过表7－14的Logit回归结果，可以暂时说明长期健康投资行为中的喝酒行为会对因病致贫产生显著影响，并且呈正相关。但是贫困问题反过来又会影响农户的喝酒行为。一般情况下，人们会把吸烟及喝酒行为放在一起研究，Lynch et al（1997）[244]以健康行为传递为对象研究为什么贫困者的行为表现很差？他们发现，贫困者很多行为对健康有害，尤其在消费行为方面，大多数贫困者的支出主要用于烟、酒等物品，这会直接导致较差的健康状况。为了解决逆向因果关系，我们选择工具变量法进行检验。对每个旗县样本的喝酒行为变量进行加总，再用总和减去每个样本点对应的值，除以旗县样本总数，得到平均值，把该平均值当做每个农户喝酒行为的工具变量。运用两阶段回归来检验工具变量的有效性，检验结果见表7－15和表7－16。

表7－15　　喝酒行为第一阶段的工具变量检验结果

工具变量	系数	T值	P值
去掉样本点的平均值	17.8994***	15.40	0.000
F统计量	18.28		
R－squared	0.3921		

表7－15中第一阶段回归结果显示，去掉样本点的平均值作为工具变量

对喝酒行为具有显著影响，表明该工具变量与喝酒行为之间具有一定的相关性，F 统计量符合工具变量要求，拒绝了存在弱工具变量的原假设，在现有数据的情况下，是有效工具变量。

表 7-16　　喝酒行为第二阶段的工具变量检验结果

变量类别	变量名称	系数	Z 值	P 值
自变量	是否饮酒	-0.7237*	-1.79	0.052
个体特征	年龄	0.3889***	2.83	0.005
	受教育程度	-0.4514***	-2.99	0.003
	民族	-0.0484	-0.14	0.887
	身体健康自评	-0.3253**	-2.56	0.011
家庭特征	家庭劳动力人数	-1.1033***	-6.17	0.000
	户籍性质	-0.0328	-0.09	0.928
	目前居住现状	-0.1358	-1.16	0.244
	农户家庭年收入	-4.1547***	-10.93	0.000
代际支持	子女对父母的经济支持	-0.2804	-1.13	0.260
地区特征	各旗县人均可支配收入	-19.4099	-1.81	0.070
_cons		220.5567**	2.22	0.026
Wald chi2		130.16		
地区固定效应		控制		
N		529		

注：***、** 和 * 分别表示在 1%、5% 和 10% 的水平上显著。

表 7-16 的第二阶段回归结果显示，喝酒行为对农户因病致贫问题的影响在 10% 统计水平上显著，表明基准 Logit 回归与工具变量回归结果一致，研究结论是稳健的。此外，其他控制变量的估计系数与显著程度与表 7-14 基本一致，工具变量较好地控制了遗漏变量偏误。

本章小结

本章通过对长期健康投资行为影响贫困的理论分析，结合内蒙古深度贫困地区农户的实地调研数据，实证分析了农户长期健康投资行为对贫困的影响，在此基础上使用工具变量法进行了稳健性检验，研究发现：

第一，在农户的长期健康投资行为中，合理搭配饮食行为、参与体检行为、吸烟行为和喝酒行为对贫困的影响均为显著，说明这四种长期健康投资行为和农户的因病致贫是有相关性的，与理论假设一致。其中，合理搭配饮食行为呈显著负相关，表明农户家庭如果能够合理搭配饮食，注重营养的吸收，改变饮食习惯，就会产生长期的健康效应，减少因病致贫问题；参与体检行为也是呈显著负相关，这说明农户家庭成员如果提高预防保健的意识，在遭遇健康风险冲击之前，能够及时参与有效的疾病体检，就可以降低患病的概率，减少因病致贫问题；吸烟行为呈显著正相关，这和农村地区的现状是吻合的，说明农户家庭成员如果能够改变不良的生活习惯，提高戒烟的意愿，进行长久的戒烟行为，就会改善身体的健康状况，从而减少因病致贫；喝酒行为呈显著正相关，说明农户喝酒行为越多，因病致贫的可能性就越大，这在内蒙古的深度贫困地区表现尤为明显，说明农户家庭成员如果能够改变不良的生活习惯，减少喝酒行为，就会改善身体的健康状况，从而减少因病致贫。

第二，从长期健康投资行为 Logit 回归结果中可以看出，年龄、受教育程度、身体健康自评、家庭劳动力人数、家庭总收入 5 个控制变量均对贫困有影响，呈显著相关。这既符合前人的研究结论，同时也说明在制定减少因病致贫的相关政策方面，应该从这 5 个控制变量的角度考虑，制定有针对性的政策。

第八章 研究结论与政策建议

健康是人类永恒的追求，是人生第一财富。身体健康对于我们的康乐、安宁是至关重要的。但是对于内蒙古深度贫困地区的农户来说，受资源、环境等多种因素的影响，再加上不良的生活方式和生活习惯，健康人力资本投资匮乏，健康状况堪忧，因病致贫比率较高。毋庸置疑，健康投资行为是农户改善健康状况、提高健康水平的重要方式，尤其是长期健康投资行为中的正向投资行为。因此考察内蒙古深度贫困地区农户的健康投资行为现状及其原因，实证分析农户健康投资行为对贫困的影响，有助于揭示农户健康投资行为的致贫机理，剖析深度贫困地区“贫困陷阱”的形成机制，提出综合破解之策。

本书运用计划行为理论、健康需求理论、农户行为理论等理论基础构建了农户健康投资行为对贫困影响的分析框架，在内蒙古兴安盟、乌兰察布市、赤峰市等深度贫困地区的 9 个旗县展开广泛调研，以 529 户农户作为研究对象，利用实地调研数据与资料，深入探讨了短期健康投资行为的影响因素，并剖析了长期健康投资意愿和行为的影响因素及相关性，系统论证了农户短期健康投资行为和长期健康投资行为对贫困的影响。

经过理论分析和实证研究，本章对农户健康投资行为及其贫困影响效应的研究结论进行归纳，并提出完善深度贫困地区公共卫生政策、引导农户进行科学的健康投资行为、促进农户收入能力提升的具体建议。

第一节 研究结论

一、内蒙古农户健康投资水平剔除价格因素后真实地反映了健康投资的增加

健康投资水平反映了健康投资行为的一个方面，即从货币角度衡量健康

投资行为。鉴于已有研究大多用医疗保健支出的数据反映健康投资水平，因此本书运用内蒙古2012—2018年的农村居民人均医疗保健支出数据作为健康投资水平的替代变量，进行纵向比较，并和全国的同期水平作对比。考虑到医疗保健支出的增加可由两方面的因素引起，一是医疗保健购买量的增加，二是医疗保健价格水平的增加。为了准确衡量真实的健康投资水平，在进行医疗保健支出的纵向比较时，剔除价格变动因素的影响，并将名义的农村居民人均医疗保健支出数据和实际数据作对比，得出的结论是：农村居民人均医疗保健支出的增长并非是由医疗保健价格水平的上升引起的，而是真正由医疗保健购买量增加所引致的。这个结论和十年前的研究相比，发生了较大变化，说明内蒙古农村居民的健康投资水平逐渐在上升。

二、农户的短期健康投资行为受使能因素和需求因素的影响较大

在借鉴Andersen健康行为模型的基础上，结合内蒙古深度贫困地区农户的特征，将短期健康投资行为的影响因素分为前倾因素、使能因素和需求因素三大类，对农户短期健康投资行为即就医行为的影响因素进行了二元Logit回归分析。使能因素包括的居住现状、经济状况、医疗保障、代际支持、医疗可及性、地区人均可支配收入6个变量中，有5个变量呈显著正相关，充分说明了使能因素对农户短期健康投资行为的影响程度是较大的；需求因素中的健康状况和就医行为是显著负相关的。因此应制定提高使能因素、需求因素作用的相关政策，关注深度贫困地区农户的健康需求以及影响其就医行为可能性的因素。

三、农户的长期健康投资意愿和行为具有相关性并存在互补效应

在计划行为理论的基础框架下，运用双变量Probit回归模型，对内蒙古深度贫困地区样本农户长期健康投资意愿和行为的影响因素进行定量研究。得出的结论是：贫困地区农户长期健康投资意愿较高，51.8%的贫困农户“非常愿意”和“愿意”进行长期健康投资，57.2%的非贫困农户长期健康

投资意愿的均值最高。双变量 Probit 回归模型的拟合程度较好，实证分析结果说明农户长期健康投资意愿与长期健康投资行为存在一定的相关性，两者之间存在互补效应，即农户长期健康投资意愿的程度对长期健康投资行为的实施具有积极作用。本书的第一个研究假设得到验证。受教育程度越高、家庭年收入越多的农户，对长期健康投资的意愿越强烈，越可能实施长期健康投资行为。

四、内蒙古农户的长期健康投资存在高意愿、低行为现象

值得注意的是，在内蒙古深度贫困地区，存在农户长期健康投资意愿较高但行为却较缺乏的现象，长期健康投资意愿和行为出现了理论和现实的不一致。通过对内蒙古深度贫困地区 529 个农户的调研数据分析，农户具有较高的长期健康投资意愿，全样本、贫困、非贫困农户的测量指标平均值均大于 3，“非常愿意”和“愿意”进行长期健康投资的占比均为 50% 以上，说明农户的长期健康投资意愿较强烈，从心理上是能够接受长期健康投资的。这就打破了我们以往的观念和认识：我们会先入为主地认为农村地区的居民受经济约束，对健康投资一无所知，根本没有健康投资的意识，但是在调研过程中会发现农户其实是有长期健康投资意愿的，都有追求健康的美好愿望。有 32.7% 的样本农户在具有长期健康投资意愿的前提下却并没有真实的长期健康投资行为，高意愿却伴随着低行为。

五、农户的短期健康投资行为对贫困的影响呈显著正相关

本书结合内蒙古深度贫困地区农户的实地调研数据，运用二元 Logit 回归模型，实证分析了农户短期健康投资行为对贫困的影响。研究发现：农户的短期健康投资行为会对贫困产生影响并呈显著正相关，验证了本书的第二个研究假设。由于因病致贫问题反过来也会影响短期健康投资行为，为了解决逆向因果关系，本书用工具变量法消除内生性问题。检验结果表明基准 Logit 回归与工具变量回归结果一致，研究结论稳健。该研究结论充分说明了就医行为在经济状况较差、医疗保障制度不完善的情况下，会让农户发生大额的医疗支出用于抵御健康风险，但是对农户家庭会造成暂时性或持续性的冲击，

进而使农户陷入因病致贫或者增加因病致贫的概率。

六、初步检验了农户的长期健康投资行为能够对贫困产生影响

本书初步尝试着分析农户的长期健康投资行为对贫困是否有影响，进而得出有价值的研究结论。长期健康投资行为主要是农户的生活方式和生活习惯。那么它们究竟对因病致贫有没有影响，会不会导致因病致贫呢？本书通过对长期健康投资行为影响贫困的理论分析，结合内蒙古深度贫困地区农户的实地调研数据，实证分析了农户长期健康投资行为对贫困的影响，在此基础上使用工具变量法进行了稳健性检验。得出的研究结论是：长期健康投资行为中，合理搭配饮食、参与体检行为、吸烟行为和喝酒行为对贫困的影响均为显著，说明这四种长期健康投资行为和农户的因病致贫是有相关性的，基本验证了本书的第三个研究假设。其中，合理搭配饮食行为、参与体检行为和贫困呈显著负相关，表明农户家庭如果能够较多实施正向长期健康投资行为，合理搭配饮食，注重营养的吸收，改变饮食习惯，并且及时参与有效的疾病体检，就会产生长期的健康效应，降低患病的概率，减少因病致贫问题。与此相对应，吸烟和喝酒行为和贫困呈显著正相关，说明农户家庭成员如果能够改变不良的生活习惯，提高戒烟的意愿，进行长久的戒烟行为，并减少喝酒行为，就会改善身体的健康状况，从而减少因病致贫问题。

第二节 政策建议

内蒙古深度贫困地区农户长期以来极其不重视自己的健康。即使认为身体健康对他们的康乐、安宁是至关重要的，但是一些日常的行为极大削弱了这种观念。究其原因：一方面，长期以来的城乡二元经济结构导致了城市和农村的巨大差异，各项基础设施较为落后，农村的人均消费水平远远低于城市，尤其在深度贫困地区，受地理位置、自然环境等因素的影响，农户家庭实施健康投资行为严重受阻；另一方面，经年累月的农业劳作也极大地损耗

了健康资本，健康资本在加速折旧，同等条件下比城市居民健康资本提取的折旧率要高，再加上一些不良的生活方式，如营养摄入不足、饮食结构单一、大量吸烟等，负向健康投资行为占据主导地位，带来的是负健康流量，逐渐在损耗着农民的健康资本，使其陷入健康贫困的恶性循环中。

当前，我国正处于脱贫攻坚的关键时期，因病致贫返贫成为一大障碍。改善贫困地区的卫生与健康状况，加大健康扶贫力度，对健康中国战略实施提出了要求。随着国民生活水平的提高以及人口老龄化的到来，人们对于就医、健身、养老等与健康相关的需求越来越多，建设健康中国正当其时。建设健康中国不仅仅是解决看病的问题，还必须把以治病为中心转变为以人民健康为中心，树立“大健康”理念，将健康融入所有政策。本书探究了农户的健康投资行为对贫困的影响，通过上述研究结论，从国家战略高度、中央及地方各级政府角度得出如下的政策启示。

一、瞄准深度贫困地区，全面推动地区经济增长，有效衔接乡村振兴战略

中国已进入脱贫攻坚收官之年，深度贫困地区作为脱贫攻坚的坚中之坚，关系着是否能够顺利完成脱贫攻坚任务，关系着是否能够攻克贫困堡垒。深度贫困地区是深度贫困的区域特征体现，是发展不平衡在特定地区表现出来的贫困状态，须以长期投资与结构性改革来应对。

（一）引导资源要素向深度贫困地区聚集，精准施策

首先应该推行以政府为主导、多元主体参与的深度贫困地区调查研究，摸清楚深度贫困地区和特殊贫困群体的基本情况，找准制约他们脱贫的主要障碍，制订个性化的帮扶方案。在此基础上，采取更有针对性的政策措施，坚持以需求为导向，大幅度增加对深度贫困地区的资金投入力度，把适合地区发展特征的、真正有用的资源要素引入深度贫困地区，形成脱贫攻坚的良性循环。

（二）立足现有产业，发挥资源优势，推动地区经济增长

深度贫困地区经济发展是贫困人口稳定脱贫的屏障。没有深度贫困地区

区域经济的整体发展，贫困人口将无法形成抵御自然灾害、疾病和市场风险的整体能力。区域经济增长将会逐步缩小区域间的差距，扩大贫困人口就业机会，拓宽发展的空间，促进贫困人口增加收入，进而改善贫困人口生活和发展的质量。内蒙古深度贫困地区包括集中连片特困地区、少数民族聚集地区，致贫成因复杂，贫困程度较深，因此依靠发展减贫仍是根本解决之策。政府应该加大基础设施保障、夯实产业扶贫根基，针对深度贫困地区的不同特点，剖析深度贫困地区的多元致贫成因，充分利用深度贫困地区的资源优势，将系统干预减贫和个性化的减贫政策有效结合起来，积极推动深度贫困地区的经济增长，进行综合减贫。

（三）各级政府应设计统筹性的政策，做好乡村振兴战略的有机衔接

在推动深度贫困地区经济增长的同时，协调推进脱贫攻坚与乡村振兴的有效衔接，全方位优化配置资金、公共服务、人力资源等要素，从机制、规划、政策等方面深化脱贫攻坚和乡村振兴的对接和统筹。通过巩固提高产业扶贫减贫质量、加大绿色发展力度、引进现代化人才等推进全面脱贫与乡村振兴有效衔接。其中产业发展是实现脱贫攻坚和乡村振兴的重要标志，以资源型产业为主导的内蒙古尤其应该重点进行产业发展，将产业发展重心转向县域主导产业和优势产业的培育和发展，推动第一、二、三产业融合发展。比如内蒙古的深度贫困地区乌兰察布市，包含 8 个深度贫困旗县，贫困人口最多，贫困发生率较高，自然条件恶劣。但是政府积极寻找适合乌兰察布市的产业发展项目，将天冷风大的劣势转化为资源优势，成为国家重要的风电能源生产基地、全国三大冷凉蔬菜生产基地之一，带动了当地产业的发展，促进了当地居民收入的增加。

二、中央及各级地方政府应提升农村公共健康投资水平，发挥正外部性效应

健康投资可以分为公共健康投资和私人健康投资。一直以来健康投资都是以政府的公共健康投资为主导的，所以政府对于健康投资的态度和观念是提升我国居民健康水平的决定性因素，而确保国民良好的健康状态也是政府必须承担的责任。但是长期以来，政府都只是把对公共卫生的投入看作保障

社会公平的福利性支出，而没有树立起健康是一种投资的观念。从投资水平上看，尽管我国政府的卫生总费用投入水平不断提高，居民的整体健康状况以及医疗卫生资源状况都在不断改善，但依然存在总量较少、区域差异明显、城乡差异较大等问题。内蒙古的公共健康投资水平也存在这些问题，这显然不足以支撑我们由传统经济增长方式向健康经济增长方式的逐步过渡。

（一）向农村地区进一步加大政策倾斜和资金支持力度

经济学原理告诉我们，公共健康投资从长期来看是有正外部性效应的，可以通过增加健康人力资本来影响经济增长的速度，改善人们的健康状况，农村的公共健康投资更是可以起到这样的作用。通过向农村地区倾斜公共健康投资政策，改善农村地区的基础公共健康投资设施，优化卫生资源的布局和配置，用社会影响力带动农村地区的个人和集体，从而有效改善农村地区居民的健康状况，提高健康投资意识，防止因病致贫的发生。

（二）拓宽公共健康投资的筹资渠道，扩大投资的参与主体

除了中央及地方政府在公共健康投资的财政支持之外，基层政府应该利用特色产业发挥地区优势，将公共健康投资和产业发展紧密联系起来，统筹将财政资金更多注入健康产业的发展，调整城乡医疗卫生资源的配置比例，尤其加大对乡、村两级医疗机构的投入，使其真正发挥基层医疗机构的职责，提高健康资金向健康公共服务的实际转化水平。积极探索更多的公共健康资金筹资渠道和筹资方式，比如商业保险、社会捐赠等，更多地引入社会资本，通过税收优惠、服务保障等措施促进投资效率更高的民营企业进入健康领域，从而提高地区健康人力资本水平。扩大多元主体参与，充分调动一些社会团体以及市场主体加入公共健康投资中来，尤其是通过对贫困户医疗需求和预防保健等的建议收集、满意度评价及反馈等方式，使贫困户主动参与进来。

三、适度采取健康投资激励方式，促进农户长期健康投资意愿向行为的转化

本书第四章的研究结果表明，内蒙古深度贫困地区因病致贫农户长期健康投资意愿与行为之间存在一定的相关性。农户长期健康投资意愿较高，有

51.8%的贫困农户“非常愿意”和“愿意”进行长期健康投资，57.2%的非贫困农户长期健康投资意愿的均值最高。但存在农户长期健康投资意愿和行为不一致的现象，高意愿却伴随着低行为。受教育程度和家庭年收入均会对农户的长期健康投资意愿和行为产生显著正向影响，因此提高内蒙古深度贫困地区农户的教育水平、增加农户收入是根本解决措施。但是关键之处在于现阶段怎么能够有效促进意愿向行为的转化。

（一）针对有长期健康投资意愿的农户，提供健康投资激励

经济动机会影响投资需求。政府可以在农村地区，制定具体的健康投资政策，开展一些福利项目，适度的通过激励手段促进健康投资意愿向行为转化。健康投资激励手段可以形式多样，除了现金和实物以外，还可以提供公共服务。由于贫困农户预防保健的意识还不是很强，尤其是在参与体检方面，大多数农户认为不得病不体检，即使有体检意愿，也不会真正参与。因此地方政府尤其是县级、乡级政府应该组织联系医疗水平高的正规医疗机构，选派有执业资质的医师定期举行义诊活动，为贫困户提供诊疗服务。在全民健身国家战略的指引下，搭建基层健身激励平台，通过趣味运动会、身体素质测试比赛、健步走、体育锻炼打卡等一系列活动提升农户锻炼身体的积极性。通过树立人物典型和宣传人物故事，颁发体育锻炼证书，适度提供物质奖励，即多使用正面信息，多宣传、多介绍关于坚持健康投资行为带来的好处，通过提升个体的自我效能有效调动农户将锻炼身体的意愿转化为实际行为。

（二）针对没有长期健康投资意愿的农户，加强健康政策的信息感知度

内蒙古深度贫困地区中，有相当一部分农户缺乏长期健康投资意愿，尤其从心理上就不接受体检和体育锻炼行为，认为这些行为没有用，对吸烟、喝酒这些负向健康投资行为持有很高的意愿并付诸实施。针对这些农户，还是要加强政策宣传，基层政府机构和正规医疗机构协作进行宣传，提高农户对长期健康投资的认识。外来信息会显著影响个体对相关事物的认知，包括健康中国的战略、医疗保障政策、健康保险政策、长期健康投资行为的内容等，这些外来信息的大量输入会促进农户产生相应的意愿及行为改变。同时，对处于无意愿阶段的农户，可以着重使用负面信息，即多宣传、多介绍关于不健康行为导致的不良后果，通过提升个体的健康风险感知威胁来促进其正

向健康投资行为。

四、拓展农户健康路径选择范围，合理引导农户的长期健康投资行为

通过调研发现，内蒙古深度贫困地区农户偏重于短期健康投资行为，即因病就医行为较多，而长期健康投资行为极为缺乏。其中，正向的长期健康投资行为较少，而负向的长期健康投资行为比如吸烟和喝酒却极为普遍。研究结论表明农户的长期健康投资行为会对贫困产生影响，这就为政策制定提供了必要的理论依据和有力的实践支撑。

（一）建立以预防保健为重点的农民健康路径及其福利体系

在健康中国战略背景下，各级政府部门需要充分利用公共资源建立多元化的健康保障消费网络，发展“互联网 + 医疗健康”，通过合理的健康路径和消费机制增强福利效应。积极探索新农合与其他健康保障制度的融合，针对不同状况的农户进行医疗保障需求调整，增加或调整健康路径选择，借助农村文化、体育和娱乐活动等基础设施建设拓展农民健康路径选择范围，改善农户的消费结构，提高预防保健、运动、休闲等消费比重，从而减轻农户医疗成本，增强劳动能力，以实现农户家庭的福利最大化。

（二）提高健康风险认知，因户施策，合理引导农户进行长期健康投资

政府应当拓宽信息公开渠道，充分利用各种舆论媒体加大健康投资的导向性宣传，尤其在农村地区，利用村民能接受的、通俗易懂的宣传工具，比如安装广播大喇叭、印制宣传手册、放映相关电影等，将适合农村地区的合理膳食营养知识和营养计划定期送到农民手中，制定适合不同地区、不同人群、不同农户特点的膳食指南，提高宣传效能。比如乌兰察布市由于地区和气候的原因，形成了特有的饮食习惯，除了白面以外，长期食用莜面和黄米面，又很少吃蔬菜和水果，因此影响到身体的健康，引发结肠冗长症等一些疾病。只有针对具体地区、具体人群制定膳食计划，才能更有效地促进农民进行合理饮食。还要推广普及科学健身知识和健身方法，推动全民健身生活化。通过科学健身的宣传，让农民改变“干活儿就是锻炼身体”的错误认

知，同时选取农户身边有积极健康投资意识和长期健康投资行为的典型案例进行宣传，提高农户对长期健康投资行为的认知程度，提高对预防保健的重视程度，防止农民小病拖大病，减少不必要的社会医疗成本，合理引导农户进行长期健康投资行为，将健康投资配置到合理区间，尽可能前置健康风险治理和疾病治疗，有效防止因病致贫。

五、提高综合医疗保障体系的运转能力，提升基层政府卫生治理能力

短期健康投资行为即因病就医行为是农村居民抵御健康风险冲击时重要的风险缓解策略之一。因病就医行为本身可以使农户家庭中的患病成员减轻疾病的痛苦，从而恢复健康或维持健康状态，但是往往会伴随着大额的医疗支出，使农户的收入迅速消耗，陷入贫困。以城乡居民医保、大病保险、医疗救助以及专项医疗扶助制度为主要内容的综合医疗保障体系（张仲芳，2017）[245]是贫困地区”因病致贫、因病返贫”的重要防线。基层政府的卫生治理能力又决定了综合医疗保障体系是否能够有效运转。

（一）强化基层政府的卫生财政筹资能力，实现有效监督

综合医疗保障体系是农户因病致贫之后的直接经济补偿，使农户看得起病，从而有效缓解农户贫困，打破疾病—贫困的恶性循环。内蒙古深度贫困地区因病致贫农户比重较高，医疗需求日益增多，要求医疗保障的补贴力度也大大增加，进一步加重了基层政府的财政压力。因此基层政府应该从医疗保障资金的渠道和结构两个方面进行有益尝试。在医疗保障资金的渠道方面，通过拓展不同筹资渠道，引入各方社会资本以缓解公共财政压力，保证医疗保障资金的充足，从而满足大病、慢性病、重病贫困户对医疗保障补贴的巨大资金需求。同时，规划和调整医疗保障资金的筹资结构，保证医疗保障资金的可持续性。在此基础上，制定严格的资金管理办法，进行过程监督，建立医疗保障资金的多主体监管、评价机制，充分利用内部审计和外部监督手段，提高医疗保障资金的利用效率，从而保证资金的有效监督。

（二）多管齐下，提升基层政府卫生治理能力

贫困地区因病致贫问题的解决和贫困户健康水平的提升不仅仅是医疗卫

生领域的问题，而是已经变成以政府部门为主导的，多维度、多层次的治理问题。基层政府的卫生治理能力直接关系到健康扶贫的绩效，因此应该多管齐下、多措并举，提升基层政府卫生治理能力。首先，从理念上要坚持以预防为主、预防和医疗相结合的治理理念，从注重病后医疗向病前预防转变；其次，从机构上要健全农村社区公共卫生机构，增加基层医护人员数量，强化基层公共卫生机构的职能；再次，从人员配备上要安排社会心理服务人员，对因病致贫农户、有心理问题的非贫困农户进行心理疏导，提供心理服务；最后，从技术手段上要鼓励基层卫生人员充分利用“互联网 +”，比如建立电子健康档案、微信预约医疗服务、在线健康信息查询等现代化服务手段，能够准确并及时了解贫困地区和贫困农户的医疗需求，从而精准施策。

六、从源头到保障，构建全方位的健康贫困治理体系

本书的研究得出了农户健康投资行为会影响贫困的结论，行为与贫困的关系是微观减贫政策评估研究中的关键点。农户的行为是解释为什么贫困的最佳视角之一，因此我们需要探究农户的健康投资行为，包括短期健康投资行为和长期健康投资行为，分别对贫困的影响机理。针对目前内蒙古深度贫困地区因病致贫现象较为普遍的现状，我们应该从健康风险源头到健康医疗保障制度，构建全方位的健康贫困治理体系，即从健康贫困的风险源和风险传导过程进行健康贫困治理机制构建。

（一）从源头上消除健康风险隐患

由社会环境劣化和个人不健康的生活方式引发的健康问题，很大程度上是可以避免的。内蒙古深度贫困地区农户患长期慢性病的比重最高，比如高血压、糖尿病、脑供血不足、中风等，病程较长或病情迁延不愈，而且往往同时存在两种甚至两种以上疾病。地方病的患病比率也较高，比如布鲁氏菌病，俗称“布病”，是内蒙古的地方病之一，乌兰察布市四子王旗、察右后旗以及兴安盟四个深度贫困旗县的部分受访农户患有此病。因此需要发挥初级卫生保健的功能。针对有健康风险隐患但是还没有遭受健康风险冲击的农户，从防范健康风险致贫角度出发，通过慢性病和地方病的健康宣传、健康管理、健康干预等策略，使农户培养良好的健康生活方式，进行合理的预防

与健康促进支出，降低健康风险的冲击概率，能显著降低不确定医疗费用造成的因病致贫风险。同时，合理规划乡镇卫生院和村卫生室的辐射能力，以贫困户的健康脱贫为最终目标，最大化增加基层医疗机构的覆盖面积，方便贫困户就医。

（二）在健康风险传导过程中弱化健康风险的冲击

对于已经遭遇健康风险冲击的农户，要通过医疗资源的有效供给、高质量的医疗服务提供、健全的医疗保障体制等健康贫困救助机制提高农户应对健康风险冲击后的能力，尽量消除或弱化健康风险冲击带来的严重影响，缓解因病致贫现象。针对长期慢性病患者，由于需要高额医疗费用和长期照护，可以通过持续性的健康扶贫干预措施减轻负担；针对突发健康风险冲击的农户家庭，由于短期内需要支出大额医疗费用，甚至造成灾难性医疗卫生支出，可以通过医疗救助、商业保险、慈善帮扶等措施，同基本医疗保险有效衔接，缓解贫困压力。

从健康风险的源头着手增强农户的应对风险能力，最终减少因病致贫发生率，才是本书的研究意义所在，通过对农户长期健康投资行为的引导，提高其在预防保健、运动、饮食搭配等方面的消费比重，显著减轻农民的医疗成本，提高其健康资本存量，增强劳动能力，从根本上提高农民的收入和福利水平，才能够打破健康贫困的风险传导过程，促进农民福利的可持续发展和生命质量的不断提升。只有加强预防、治疗、康复各阶段的健康服务供给与健康保障支持，才能最终实现健康贫困的系统治理。

第三节 研究不足及未来展望

一、研究不足

本书系统地研究了农户的健康投资行为及对贫困的影响，但受限于个人研究水平和研究能力，全书的研究仍然存在缺陷，有待进一步探讨与完善。

本书研究不足在于：

（一）研究数据存在不足

一方面，本书所用数据是内蒙古深度贫困地区农户的调研数据，从抽样方法、样本选择、地区划分都遵循了社会调查的原则，具有代表性。但是由于不是大样本数据，受样本量的限制，可能无法更加全面地反映研究的问题。另一方面，调研数据是调研前一年的有效数据，难以完整反映农户长期健康投资行为的动态变化。虽然长期健康投资行为代表的是农户的生活方式，在短期内是固定不变的，但是在调研过程中发现农户在遭遇健康风险冲击前后的长期健康投资行为具有很大的差异，尤其是吸烟、喝酒这些负向的健康投资行为。

（二）对健康投资行为的衡量存在不足

本书主要以投资收益时间的长短作为划分标准，将农户的健康投资行为分为短期健康投资行为和长期健康投资行为，其中长期健康投资行为包括合理搭配饮食等三种正向的行为，以及吸烟、喝酒这两种负向的行为。由于健康投资的范围非常广泛，具有多维度的研究视角和多样化的衡量指标，导致农户健康投资行为的量化较为复杂，因此本书对健康投资行为的衡量难免会不够全面。另外，本书缺乏农户健康投资行为的具体案例分析。

（三）实证分析存在不足

在农户长期健康投资意愿和行为的研究中，对两者相背离的原因及影响因素没有深入挖掘；在农户健康投资行为对贫困的影响研究中，初步尝试分析了农户短期和长期健康投资行为对贫困的影响，基本验证了研究假设，但是对农户健康投资行为影响贫困的程度没有涉及。

二、未来展望

本书在对农户健康投资行为的研究中存在一定的不足，特别是受框架体系的选择限制，对一些相关问题的探讨还不够深入，未来可以从以下方面展开进一步研究：

首先，后续研究应该尽量扩大样本量，增加样本的有效性和代表性。应进一步拓展到其他地区进行调查研究，以更大范围的调研数据深入分析农户健康投资行为对贫困的影响。在未来研究中还应该进行典型农户样本的追踪调查，建立长期健康投资行为数据库，以便更有效地体现健康投资行为对贫困的影响效应。

其次，未来研究需要进一步设计更全面、更完整的指标体系来衡量健康投资行为，可以将主观健康投资的内容纳入分析框架，通过行为经济学的理论分析其对贫困的影响机制。通过更深入的调研，补充农户健康投资行为的具体案例，进一步透彻挖掘农户健康投资行为的特征。

最后，从社会学、心理学、经济学等多重角度考察农户长期健康意愿和行为相背离的深刻原因，实证分析其影响因素；完善农户健康投资行为对贫困影响的研究设计，从变量设置、指标选取等方面进一步深入分析影响程度，并比较短期和长期健康投资行为，以及每一种长期健康投资行为对贫困的影响程度。

参考文献

[1] WHO. World Health Organization Charter [R]. 1946: 1.

[2] Sen A. Why health equity? [J]. Health Economics, 2002, 11: 659 -666.

[3] UNDP U. Human development report [R]. Oxford University Press, New York. 1990.

[4] 王曲，刘民权. 健康的价值及若干决定因素：文献综述 [J]. 经济学（季刊），2005，5（01）：1 -52.

[5] Grossman M. On the Concept of Health Capital and the Demand for Health [J]. Journal of Political Economy, 1972, 80: 223 -255.

[6] Mushkin S J. Health as an investment [J]. Journal of Political Economy, 1962, 70 (5): 129 -1577.

[7] 王文略，毛谦谦，余劲. 基于风险与机会视角的贫困再定义 [J]. 中国人口·资源环境，2015，25（12）：147 -153.

[8] 汪辉平，王增涛，马鹏程. 农村地区因病致贫情况分析与思考—基于西部9省市1214个因病致户的调查数据 [J]. 经济学家，2016（10）：71 -81.

[9] 徐润龙，童峰，朱敏洁，曾国经，陈坤. 新型农村合作医疗制度的运行效果分析 [J]. 中国初级卫生保健，2009，23（02）：9 -11.

[10] Thewlis M W, Peters L S. An Ounce of Prevention is Worth a Pound of Cure: Preclinical Medicine [J]. Chest, 1939, 5 (7): 22 -23.

[11] 刘祚祥. 农户的健康风险分担与新型农村合作医疗研究述评 [J]. 经济评论，2008（07）：142 -148 +158.

[12] 魏峰，蒋长流. 农民工健康风险冲击因素维度构建与实证分析 [J]. 经济管理，2013，35（10）：165 -173.

[13] 靖丽霞. 健康风险冲击下失地农民医疗保障问题研究 [J]. 民族

论坛，2013（12）：84－88.

［14］徐小言，左停．健康风险与福利需求的多元化［J］．东岳论丛，2016，37（08）：177－182.

［15］Islam A，Maitra P. Health Shocks and Consumption Smoothing in Rural Households：Does Microcredit Have a Role to Play？［J］．Journal of Development Economics，2012（97）：232－243.

［16］张车伟．营养、健康与效率——来自中国贫困农村的证据［J］．经济研究，2003（01）：3－12＋92.

［17］魏众．健康对非农就业及其工资决定的影响［J］．经济研究，2004（02）：64－74.

［18］Wagstaff A. The Economic Consequences of Health Shocks：Evidence from Vietnam［J］．Journal of Health Economics，2007（26）：82－100.

［19］冯黎．贫困地区大病风险冲击下的农户经济行为研究［D］．武汉：华中农业大学，2009.

［20］高梦滔，姚洋．健康风险冲击对农户收入的影响［J］．经济研究，2005（12）：15－25.

［21］罗楚亮．健康风险与贫困人口的消费保险［J］．卫生经济研究，2006（01）：36－38.

［22］Zhang J，Gan Li，Xu L C，Yao Y. Health shocks，village elections，and household income：Evidence from rural China［J］．China Economic Review，2014，30（9）：155－168.

［23］高梦滔，甘立，徐立新，姚洋．健康风险冲击下的农户收入能力与村级民主［J］．中国人口科学，2006（01）：21－32＋95.

［24］Foster，Andrew D. Nutrition and health investment［J］．The American Economic Review，1995（2）：148－152.

［25］王弟海，李夏伟，黄亮．健康投资如何影响经济增长：来自跨国面板数据的研究［J］．经济科学，2019（01）：5－17.

［26］吕国营，赖小妹．人口老龄化、健康投资与经济增长——基于中国省级面板数据的实证分析［J］．吉首大学学报（社会科学版），2019，40（04）：56－67.

［27］邓力源，唐代盛，余驰晨．我国农村居民健康人力资本对其非农

就业收入影响的实证研究 [J]. 人口学刊, 2018, 40 (01): 102-112.

[28] 叶春辉, 封进, 王晓润. 收入、受教育水平和医疗消费: 基于农户微观数据的分析 [J]. 中国农村经济, 2008 (08): 16-24.

[29] Matthew J. Eichner. The Demand for Medical Care: What People Pay Does Matter [J]. American Economic Review Papers and Proceedings, 1998, 88 (2): 117-121.

[30] Matthew C. Harris, Jennifer L. Kohn. Reference Health and the Demand for Medical Care [J]. The Economic Journal, 2018, 128 (615): 2812-2842.

[31] Fuchs V. The Contribution of Health Services to the American Economy [J]. The Milbank Memorial Fund Quarterly, 1966, 44 (4): 65-103.

[32] Grossman M. The Human Capital Model [J]. Handbook of Health Economics, 2000, 1: 347-408.

[33] Becker GS. A Theory of the Allocation of Time [J]. The Economic Journal, 1965, 75 (299): 493-517.

[34] 孙晓燕, 夏海勇. 代际继承性: 健康投资的一个特征分析 [J]. 市场与人口分析, 2006 (06): 26-31.

[35] 闫淑敏, 段兴民. 中国城镇家庭人力资本投资动态与收益分析 [J]. 预测, 2002 (03): 4-8.

[36] 孙颖. 中国农民保健投入现状及影响因素分析 [D]. 济南: 山东大学, 2008.

[37] 韦艳, 方祎, 郭佳佳. 农村中老年人健康投资对健康状况的影响研究——基于陕西省的调查发现 [J]. 西安财经学院学报, 2017, 30 (06): 74-79.

[38] 维克托·R. 福克斯. 谁将生存? ——健康、经济学和社会选择 [M]. 罗汉, 焦艳, 朱雪琴译. 上海: 上海人民出版社, 2000.

[39] 孙颖. 中国农户健康投资行为的经济分析 [J]. 经济研究导刊, 2009 (31): 46-47.

[40] 谢健. 健康投资对我国居民健康状况的影响 [D]. 成都: 西南财经大学, 2014.

[41] 刘畅. 基于健康路径选择视角的我国农民福利效应研究 [J]. 农业经济问题, 2018 (09): 96-107.

[42] 郝枫，张圆，李晓红．中国健康资本内生折旧率估算及成因分析[J]．人口与发展，2020，26（02）：36－48.

[43] Eibich Peter. Understanding the effect of retirement on health: Mechanisms and heterogeneity [J]. Journal of Health Economics, 2015 (43): 1－12.

[44] Hiroyuki Motegi, Yoshinori Nishimura, Masato Oikawa. Retirement and health investment behaviors: An international comparison [J]. The Journal of the Economics of Ageing, 2020 (17): 1－26.

[45] James W · Henderson. 健康经济学 [M]. 向运华，钟建威，季华璐，颜韬译．北京：人民邮电出版社，2008.

[46] 浦科学．寿命不确定条件下的消费者健康投资分析 [J]. 中国卫生经济，2013，32（11）：5－7.

[47] 蒋娟．我国城乡居民健康投资差异分析 [J]. 现代农业，2008（08）：91－93.

[48] 赵国宝．健康投资对中国经济增长影响研究 [D]. 长春：吉林大学，2014.

[49] 郑大喜．健康投资与政府宏观卫生政策取向的经济学分析 [J]. 医学与哲学（人文社会医学版），2006（10）：26－27＋40.

[50] Stiglitz J E. Economic Organization, Information And Development [J]. Handbook of Development Economics, 1988 (1): 93－160.

[51] 李佳．生命周期理论框架下的健康投资选择 [D]. 北京：首都经济贸易大学，2015.

[52] 吕娜，邹薇．健康人力资本投资与居民收入——基于私人和公共部门健康支出的实证分析 [J]. 中国地质大学学报（社会科学版），2015，15（01）：113－119.

[53] 封岩，柴志宏．健康人力资本对经济增长的影响 [J]. 经济与管理研究，2016，37（02）：21－27＋123.

[54] 高其法．健康的边际价值变化特征与长期健康投资不足 [J]. 医学与哲学（A），2013，34（05）：33－34＋37.

[55] 程虹，黄诗雅，李唐．人格特质影响健康投资吗？——来自中国企业－劳动力匹配调查的经验证据 [J]. 经济与管理研究，2018，39（06）：66－77.

[56] 闫淑敏，秦江萍．人力资本对西部经济增长的贡献分析 [J]. 数量经济技术经济研究，2002 (11)：17-20.

[57] 顾雪兰，刘诚洁．健康投资与健康经济增长的双重效应 [J]. 上海财经大学学报，2017 (03)：22-30.

[58] 陈洪波，王克利．浅议健康投资与经济发展 [J]. 中国卫生资源，2007 (01)：33-34.

[59] Kuznets S. Economic Growth and the Contribution of Agriculture: Notes on Measurement [C]. International Journal of Agrarian affairs, 1961.

[60] Schultz W. Investment in Human Capital [J]. Economic Journal, 1972, 82 (326): 787.

[61] Schultz W, Romo R. Dopamine neurons of the monkey midbrain: contingencies of responses to stimulieliciting immediate behavioral reactions [J]. Journal of Neurophysiology, 1990, 63 (3): 607-624.

[62] Becker GM, Degroot MH, Marschak J. Measuring utility by a single-response sequential method [J]. Behavioral Science, 1964, 9 (03): 226-232.

[63] 彭皓玥．我国农村人力资本投资中健康投资的问题研究 [D]. 太原：山西财经大学，2006.

[64] 张姝，张辉，刘珉慧．我国城镇居民家庭健康投资和消费性支出的协整分析 [J]. 中国传媒大学学报 (自然科学版)，2019，26 (05)：66-69.

[65] 樊桦．农村居民健康投资不足的经济学分析 [J]. 中国农村观察，2001 (06)：37-43.

[66] 平新乔．从中国农民医疗保健支出行为看农村医疗保健融资机制的选择 [J]. 管理世界，2003 (11)：52-63+156.

[67] 黄乾．中国农户人力资本投资及区域差距变化的实证分析 [J]. 中国人口科学，2005 (06)：58-64+96.

[68] 郭志仪，常晔．农户人力资本投资与农民收入增长 [J]. 经济科学，2007 (03)：26-35.

[69] 解垩．城乡居民健康消费差异与分解 [J]. 农业技术经济，2008 (05)：57-66.

[70] 李宪印，陈万明．农户人力资本投资与非农收入关系的实证研究 [J]. 农业经济问题，2009，30 (05)：94-99.

[71] 张娜，邓金钱．农户人力资本投资与城乡劳动力流动：总体效应与结构差异［J］．农业技术经济，2017（03）：88-98.

[72] 丁士军，熊吉峰．新型农村合作医疗受益公平性影响因素研究［J］．中国卫生经济，2010，29（07）：32-35.

[73] 梁海兵，卢海阳．健康投资、性别差异与流动人口医疗补贴［J］．改革，2014（10）：65-73.

[74] 高梦滔，姚洋．性别、生命周期与家庭内部健康投资——中国农户就诊的经验证据［J］．经济研究，2004（07）：115-125.

[75] 林相森，舒元．我国居民医疗支出影响因素的实证分析［J］．南方经济，2007（06）：22-30.

[76] 王翌秋．中国农村居民医疗服务需求研究［D］．南京：南京农业大学，2008.

[77] 宋璐，左冬梅．农村老年人医疗支出及其影响因素的性别差异：以巢湖地区为例［J］．中国农村经济，2010（05）：74-85.

[78] 问延安，赵婷婷．居民健身参与的城乡比较［J］．重庆交通大学学报（社会科学版），2016，16（02）：61-66+92.

[79] 赵亮．"健康梦"视角下老年人群体育锻炼的调查研究［J］．淮南职业技术学院学报，2017，17（03）：149-152.

[80] 黄增健，唐娟莉．流动人口健康投资的政策效应及其现实反应［J］．湖北社会科学，2018（09）：82-88.

[81] 周孝，冯中越，孙珊．个人健康投资能促进就业吗？——基于CHNS的实证分析［J］．人口学刊，2015，37（02）：87-101.

[82] Lis R，Griffin J. M.，Partin，M. R. et al. Validation of Screening Questions for Limited Health Literacy in a Large VA Outpatient Population［J］. Journal of General Internal Medicine，2008（23）：561-566.

[83] Eleonora Fichera，Matt Sutton. State and self investments in health［J］. Journal of Health Economics，2011，30（6）：1164-1173.

[84] Becker GS. Investment in human capital：A theoretical analysis［J］. Journal of political economy，1962，70（5）：9-49.

[85] Yoram Ben-Porath. The Production of Human Capital and the Life Cycle of Earnings［J］. Journal Political Economy，1967，75（4）：352-365.

[86] Chang F C. Uncertainty and investment in health [J]. Journal of Health Economics, 1996, 15 (3): 369 - 376.

[87] 洪秋妹，常向阳．我国农村居民疾病与贫困的相互作用分析 [J]. 农业经济问题，2010，31 (04): 85 - 94 + 112.

[88] Zon Van A, Muysken J. Health and endogenous growth [J]. Journal of Health Economics, 2001, 20 (2): 169 - 185.

[89] Hemmi N, Tabata K, Futagami K. The long - term care problem, precautionary saving, and economic growth [J]. Journal of Macroeconomics, 2007, 29 (1): 60 - 74.

[90] 王弟海．健康人力资本、经济增长和贫困陷阱 [J]. 经济研究，2012，47 (06): 143 - 155.

[91] 邹薇，方迎风．健康冲击、“能力”投资与贫困脆弱性：基于中国数据的实证分析 [J]. 社会科学研究，2013 (04): 1 - 7.

[92] 刘纯阳．人力资本对典型贫困地区农民收入的影响——对湖南西部的实证分析 [J]. 经济问题，2005 (06): 55 - 57.

[93] Strauss J. Does Better Nutrition Raise Farm Productivity? [J]. Journal of Political Economy, 1986, 94 (2): 297 - 320.

[94] Foster A D, Rosenzweig M R. Information Flows and Discrimination in Labor Markets in Rural Areas in Developing Countries [J]. The World Bank Economic Review, 1992, 6 (1): 173 - 203.

[95] Foster A D, Rosenzweig M R. A Test for Moral Hazard in the Labor Market: Contractual Arrangements, Effort, and Health [J]. The Review of Economics and Statistics, 1994, 76 (2): 213 - 227.

[96] 徐程，尹庆双，刘国恩．健康经济学研究新进展 [J]. 经济学动态，2012 (09): 120 - 127.

[97] Mokdad AH, Marks JS, Stroup DF, Gerberding JL. Actual Causes of Death in the United States, 2000 [J]. JAMA, 2004, 291 (10): 1238 - 1245.

[98] 翁贞林．农户理论与应用研究进展与述评 [J]. 农业经济问题，2008 (08): 93 - 100.

[99] 刘帅，钟甫宁．实际价格、粮食可获性与农业生产决策 - 基于农户模型的分析框架和实证检验 [J]. 农业经济问题，2011 (06): 15 - 20 + 110.

[100] Bigsten A. & A. Shimeles. Can Africa reduce poverty by half by 2015? [J]. Development Policy Review, 2007, 25 (2): 147 - 166.

[101] 杜为公，李艳芳. 西方农业经济学理论与方法新进展研究 [J]. 武汉轻工大学学报，2015，34 (03)：94 - 99.

[102] 马保成. 自然灾害风险定义及其表征方法 [J]. 灾害学，2015，30 (03)：16 - 20.

[103] 浦科学. 健康投资、储蓄与死亡风险 [J]. 系统科学与数学，2016，36 (02)：225 - 232.

[104] Bertoni M., Brunello G., Mazzarella G. Does postponing minimum retirement age improve healthy behaviors before retirement? Evidence from middle - aged Italian workers [J]. Journal of Health Economics, 2018 (58): 215 - 227.

[105] 王海民，李小云. 贫困研究的历史脉络与最新进展述评 [J]. 中国农业大学学报（社会科学版），2009，26 (03)：40 - 51.

[106] Charles. B. Life and labour of the people in london [M]. Nabu Press, 2010.

[107] B. Seebohm Rowntree, Poverty: A Study of Town Life [M]. London, Macmillan, 1901.

[108] 阿玛蒂亚·森. 贫困与饥荒 [M]. 北京：商务印书馆，2001.

[109] Townsend P. Poverty in the United Kindom: A Survey of Household Resources and Standards of Living [M]. University of California Press, 1979.

[110] 联合国开发署. 人类发展报告 [R]. 1997.

[111] Beveridge W. Social insurance and allied services [M]. 1942.

[112] Joanna Mack & Stewart Lansley. Poor Britain [M]. London: Allen & Unwin, 1985: 191 - 192.

[113] Lloyd G Reynolds. 微观经济学 [M]. 北京：商务印书馆，1984.

[114] 刘杰，李可可. 彼得·汤森的相对贫困理论及其在英国的实践 [J]. 社会保障研究（北京），2016，23 (01)：1 - 11.

[115] 世界银行. 1999/2000 年世界发展报告 [M]. 北京：中国财政经济出版社，2000.

[116] 叶普万. 贫困经济学研究：一个文献综述 [J]. 世界经济，2005 (09)：70 - 79.

[117] 徐贵恒．人文贫困的提出及其内涵 [J]．内蒙古民族大学学报（社会科学版），2008 (04)：94-97.

[118] R Nurkse. Problems of capital formation in underdeveloped countries [M]. Oxford University Press, 1953.

[119] Nelson R. R. A theory of the low-level equilibrium trap in underdeveloped economies [J]. The American Economic Review, 1956, 46 (5): 894-908.

[120] Leibenstein, Harvey. The Theory of Underemployment in Backward Economies [J]. Journal of Political Economy, 1957, 65 (2): 91-103.

[121] 陈传波．农户风险与脆弱性：一个分析框架及贫困地区的经验 [J]．农业经济问题，2005 (08)：47-50.

[122] Fox, L. et al. Trends in deep poverty from 1968 to 2011: The influence of family structure, employment patterns, and the safety net [J]. Russell Sage Foundation Journal of the Social Sciences, 2015, 1 (1): 14-34.

[123] Fox L. et al. Deconstructing Poverty Rates among the 65 and Older Population: Why Has Poverty Increased Since 2015? [R]. The Working Paper, 2018.

[124] Haveman, R. et al. The war on poverty: Measurement, trends, and policy [J]. Journal of Policy Analysis and Management, 2015, 34 (3): 593-638.

[125] Iceland, J. & K. J. Bauman. Income poverty and material hardship: How strong is the association? [J]. Journalof Socio-Economics, 2007, 36 (3): 376-396.

[126] Shaefer, H. L. & K. Edin. Extreme poverty in the United States and the response of federal means-tested transfer programs [J]. SocialService Review, 2013, 87 (2): 250-268.

[127] 贺立龙，朱方明，刘丸源．结构视角下的深度贫困研究进展 [J]．经济学动态，2020 (02)：132-145.

[128] 翟绍果．贫困地区因病致贫返贫的治理路径 [N]．中国人口报，2018-07-19.

[129] RA Musgrave. The new Palgrave: a dictionary of economics [M]. Macmillan London, 1987.

[130] 岳远贺．浅析农户行为选择理论 [A]．“决策论坛-决策科学化与民主化学术研讨会”论文集（上）[C]．《决策与信息》杂志社、北京大

学经济管理学院，2017：138.

[131] 恰亚诺夫. 农民经济组织 [M]. 萧正洪译. 北京：中央编译出版社，1996.

[132] Scott J. , & Huskisson E. C. Graphic representation of pain [J]. Pain, 1976, 2 (2): 175 - 184.

[133] 舒尔茨. 改造传统农业 [M]. 梁小民译. 北京：商务印书馆，1987.

[134] Popkin S. The Rational Peasant [M]. University of California Press, 1979.

[135] Arrow Kenneth J. Joan Robinson and modern economic theory: an interview. In: Joan Robinson and Modern Economic Theory [J]. Palgrave Macmillan, London, 1989, 7 (3): 147 - 185.

[136] Simon, H. A. Administrative Behavior [M]. New York: Macmillan, 1947.

[137] 黄宗智. 略论华北近数百年的小农经济与社会变迁——兼及社会经济史研究方法 [J]. 中国社会经济史研究，1986 (02): 9 - 15 + 8.

[138] 黄宗智，李怀印. 中国社会经济史研究的范式及其危机 [J]. 世界经济与政治论坛，1992 (05): 26 - 30.

[139] 薛桂霞，孙炜琳. 对农民专业合作社开展信用合作的思考 [J]. 农业经济问题，2013, 34 (04): 76 - 80.

[140] Fishbein M, Ajzen I. Belief, attitude, intention, and behavior: An introduction to theory and research reading [M]. MA: Addison - Wesley, 1975.

[141] Ajzen I. The theory of planned behavior [J]. Organizational behavior and human decision processes, 1991, 50 (2): 179 - 211.

[142] 段文婷，江光荣. 计划行为理论述评 [J]. 心理科学进展，2008 (02): 315 - 320.

[143] Ajzen H. , Fishbein M. Understanding attitudes and predicting social behavior [M]. Prentice Hall, 1980.

[144] Albarracin D. , Johnson B. T. , Fishbein M. , Muellerleile P. A. Theories of reasoned action and planned behavior as models of condom use: a meta - analysis [J]. Psychological bulletin, 2001, 127 (1): 142.

[145] McEachan R. R. C. , Conner M. , Taylor N. J. , Lawton R. J. Prospec-

tive prediction of health－related behaviours with the theory of planned behaviour：A meta－analysis ［J］. Health Psychology Review，2011，5（2）：97－144.

［146］魁奈．魁奈经济著作选集［M］．吴斐丹，张草纫译．北京：商务印书馆，1997.

［147］桑光淇．新古典经济学人力资本思想的特征［J］．扬州教育学院学报，2012，30（02）：23－26.

［148］马歇尔．经济学原理［M］．朱志泰，陈良璧译．北京：商务印书馆，1964.

［149］Irving Fisher. Elementary principles of economics ［M］. New York：The Macmillan company，1913.

［150］Schultz，T. W. A policy to redistribute losses from economic progress ［J］. Journal of Farm Economics，1961，43（3）：554－565.

［151］Gary S. Becker. Human Capital：A Theoretical and Empirical Analysis，with Special Reference to Education［M］. University of Chicago Press，1964.

［152］封进．健康需求与医疗保障制度建设［M］．上海：格致出版社，2009.

［153］赵忠．我国农村人口的健康状况及影响因素［J］．管理世界，2006（03）：78－85.

［154］李昊．内部动机视角下蔬菜种植户环境保护行为研究［D］．西安：西北农林科技大学，2018.

［155］赵忠，侯振刚．我国城镇居民的健康需求与Grossman模型——来自截面数据的证据［J］．经济研究，2005（10）：79－90.

［156］Lipton M. The Theory of the Optimizing Peasant［J］. Journal of Development Studies，1968，4（3）：327－351.

［157］金双华，于洁，田人合．中国基本医疗保险制度促进受益公平吗？——基于中国家庭金融调查的实证分析［J］．经济学（季刊），2020（04）：1291－1314.

［158］孙梦洁，韩华为．中国农村患者的医疗需求行为研究——来自三省农户调查的实证分析［J］．经济科学，2013（02）：94－108.

［159］Kahneman D.，Knetsch J. L.，Thaler，R. H. The endowment effect，loss aversion，and status quo bias［J］. Journalof Economic Perspectives，

1991 (5): 193 -206.

[160] 齐雁，赵斌．人力资本投资效应与性别不平等 [J]. 经济问题探索，2020 (06): 179 -190.

[161] Phelps, C. E. Illness prevention and medical insurance [J]. Journal of Human Resources, 1978 (13): 183 -207.

[162] 徐小言．农村居民“贫困－疾病”陷阱的形成分析 [J]. 山东社会科学，2018 (08): 66 -72.

[163] 李哲，李理，武献华．正规金融机构农村信贷行为分析 [J]. 农村经济，2009 (03): 72 -74.

[164] 李似鸿．金融需求、金融供给与乡村自治——基于贫困地区农户金融行为的考察与分析 [J]. 管理世界，2010 (01): 74 -87.

[165] 乔勇．农户疾病风险应对中的支持网研究以贫困地区农户为例 [J]. 求索，2012 (06): 27 -29.

[166] 谭燕芝，张子豪．社会网络、非正规金融与农户多维贫困 [J]. 财经研究，2017 (03): 43 -56.

[167] 张辉．健康对经济增长的影响：一个理论分析框架 [J]. 广东财经大学学报，2017 (04): 15 -23.

[168] Fogel R W. NBER Working Papers Series on Historical Factors in Long Run Growth [R]. NBER Working Paper, 1991.

[169] Fogel R W. Economic Growth, Population Theory, and Physiology: The Bearing of Long - Term Processes on the Making of Economic Policy [J]. American Economic Review, 1994, 84 (3): 369 -395.

[170] 王弟海，崔小勇，龚六堂．健康在经济增长和经济发展中的作用——基于文献研究的视角 [J]. 经济学动态，2015 (08): 107 -127.

[171] 王甫勤．社会经济地位、生活方式与健康不平等 [J]. 社会，2012, 2 (32): 125 -143.

[172] Morduch J. Income Smoothing and Consumption Smoothing [J]. Journal of Economic Perspectives, 1995, 9 (3): 103 -114.

[173] Dercon, Stefan. Assessing Vulnerability to poverty [J]. Jesus College and CSAE, Department of economics, Oxford University, 2001: 126.

[174] Sen A. Poverty and Famines: An Essay on Entitlement and Deprivation

[M]. Oxford University Press, 1981.

[175] 程名望, Jin Yanhong, 盖庆恩, 史清华. 农村减贫: 应该更关注教育还是健康——基于收入增长和差距缩小双重视角的实证 [J]. 经济研究, 2014 (11): 130-144.

[176] 莫光辉, 精准扶贫. 中国扶贫开发模式的内生变革与治理突破 [J]. 中国特色社会主义研究, 2016 (02): 73-94.

[177] 陈在余, 江玉, 李薇. 新农合对农村居民灾难性医疗支出的影响——基于全民覆盖背景分析 [J]. 财经科学, 2016 (12): 110-120.

[178] 宗哲丽. 2018年内蒙古贫困地区农牧民收入突破万元大关 [J]. 内蒙古统计, 2019 (02): 12-13.

[179] 宗哲丽. 内蒙古深度贫困地区脱贫成效显著 [N]. 中国信息报, 2020-2-11.

[180] 张芬, 李晓妍. 健康投资对经济增长影响的实证分析 [J]. 统计与决策, 2017 (20): 140-143.

[181] Muurinen J-M. and Le Grand J. The economic analysis of inequalities in health [J]. Social Science and Medicine, 1985, 20 (10): 1029-1035.

[182] 于彩霞, 薛清元, 孙静, 闻岚, 常青, 武仲宇, 范艳存. 内蒙古自治区医疗保障支出与卫生总费用关系研究: 基于灰色关联析方法 [J]. 中国卫生经济, 2017, 36 (09): 51-54.

[183] 于彩霞, 孙静, 闻岚, 李长乐, 薛清元, 范艳存. 完善医疗保障体系降低居民卫生负担 [J]. 中国卫生经济, 2019, 38 (12): 13-17.

[184] 刘欢, 梁竹苑, 李纾. 行为经济学中的损失规避 [J]. 心理科学进展, 2009, 17 (04): 788-794.

[185] Hatcher, L. A Step-by-Step Approach to Using the SAS System for Factor Analysis and Structural Equation Modeling [C]. Cary, NC: SAS Institute Inc, 1994.

[186] Kaiser, H. F. An index of factorial simplicity [J]. Psychometrika, 1974 (39): 31-35.

[187] Pan, D., Ying, R., & Huang, Z. Determinants of residential solid waste management services provision: Avillage-level analysis in rural China [J]. Sustainability, 2017, 9 (1): 110.

[188] Smith, L. E., & Siciliano, G. A comprehensive review of constraints to improved management of fertilizers in China and mitigation of diffuse water pollution from agriculture [J]. Agriculture, Ecosystems & Environment, 2015, 209: 15 -25.

[189] 吕美晔，王翌秋．基于四部模型法的中国农村居民医疗服务需求分析 [J]. 中国农村观察，2012 (06): 59 -71.

[190] 胡宏伟，刘雅岚，张亚蓉．医疗保险、贫困与家庭医疗消费基于面板固定效应模型的估计 [J]. 山西财经大学学报，2012 (04): 1 -9.

[191] Jowett Matthew. Health Insurace and Treatment Seeking Behaviour Evidence from a L owincome Country [J]. Health Economic, 2004 (9): 845 -857.

[192] 于长永．疾病类型、医疗保险与农民就医机构选择行为研究 [J]. 农业技术经济，2017 (02): 82 -92.

[193] 彭希哲，宋靓珺，黄剑焜．中国失能老人长期照护服务使用的影响因素分析——基于安德森健康行为模型的实证研究 [J]. 人口研究，2017, 41 (04): 46 -59.

[194] Wu, C. Y., Hu, H. Y., Huang, N., Fang, Y. T., Chou, Y. J., and Li, C. P. Determinants of Long - term Care Services among the Elderly: a Population - based Study in Taiwan [J]. Plos One, 2014, 9 (2): 1 -10.

[195] Andersen R M. Revisiting the behavioral model and access to medical care: does it matter? [J]. Journal of Health and Social Behavior, 1995, 36 (1): 1 -10.

[196] Andersen R, Newman J F. Societal and individual determinants of medical care utilization in the United States [J]. The Milbank Memorial Fund Quarterly, 1973, 51 (1): 95 -124.

[197] Borah B. A Mixed Logit Model of Health Care Provider Choice: Analysis of NSS Data for Rural India [J]. Health Economics, 2006, 15 (9): 915 -932.

[198] 李晓敏，丁士军，陈玉萍，冯黎．贫困地区农户医疗服务需求影响因素分析——来自湖北省红安县的农户调查数据 [J]. 农业技术经济，2009 (02): 17 -25.

[199] 韩静舒，谢邦昌．中国居民家庭脆弱性及因病致贫效应分析 [J]. 统计与信息论坛，2016 (07): 49 -54.

[200] 李晓敏，黄江泉，乔勇．大病风险冲击下农户医疗服务利用影响因素分析 [J]．农业经济，2013 (08)：91-93.

[201] 史清华，顾海英．农户消费行为与家庭医疗保障 [J]．华南农业大学学报（社会科学版），2004 (03)：1-9.

[202] 王翌秋，雷晓燕．中国农村老年人的医疗消费与健康状况：新农合带来的变化 [J]．南京农业大学学报（社会科学版），2011，11 (02)：33-40.

[203] 谭涛，张燕媛，何军．中国农村居民家庭医疗消费支出的影响因素及弹性分析 [J]．上海财经大学学报，2014 (03)：64-69+112.

[204] 谭晓婷，钟甫宁．新型农村合作医疗不同补偿模式的收入分配效应——基于江苏、安徽两省30县1500个农户的实证分析 [J]．中国农村经济，2010 (03)：87-96.

[205] Liu G G, Wu X, Peng C, et al. Urbanization and health care in rural China [J]. Contemporary Economic Policy, 2003, 21 (1): 11-24.

[206] 李娟娟，王征兵．陕西农户健康投资意愿影响因素分析 [J]．大连理工大学（社会科学版），2009，30 (04)：34-38.

[207] 苏荣海，徐茂洲，马运超，李阔．受伤运动员康复遵医意图与行为的作用机制——基于计划行为理论的混合模型检验 [J]．上海体育学院学报，2019，43 (06)：48-60.

[208] Rise J, Thompson M, Verplanken B. Measuring implementation intentions in the context of the theory of planned behavior [J]. Scandinavian Journal of Psychology, 2003, 44 (4): 87-95.

[209] Verplanken B, Faes S. Good intentions, bad habits, and effects of forming implementation intentions on healthy eating [J]. European Journal of Social Psychology, 1999, 29 (21): 591-604.

[210] Hau Y S, Kim B, Lee H, Kim YG. The effects of individual motivations and social capital on employees' tacit and explicit knowledge sharing intentions [J]. International Journal of Information Management, 2013, 33 (2): 356-366.

[211] Lin J CC. Online stickiness: its antecedents and effect on purchasing intention [J]. Behaviour & Information Technology, 2007, 26 (6): 507-516.

[212] Nwankwo D B, Agu S, Sydney A N, Chikwendu C. The Relationship between Job Satisfaction and Job Involvement Among Secondary School Teachers

[J]. International Journal of Case Studies, 2014, 3 (3): 21 - 27.

[213] 闫岩．计划行为理论的产生、发展和评述 [J]. 国际新闻界, 2014 (07): 113 - 129.

[214] 何悦, 漆雁斌, 汤建强．农户过量施肥风险认知及环境友好型技术采纳行为的影响因素分析——基于四川省 380 个柑橘种植户的调查 [J]. 中国农业资源与区划, 2020 (03): 8 - 15.

[215] Greene JM. A method for determining a stochastic transition [J]. Journal of Mathematical Physics, 1979, 20 (6): 1183 - 1201.

[216] 杨丹, 高汉．信贷市场与农地使用权流转——基于双变量 Probit 模型的实证分析 [J]. 世界经济文汇, 2012 (02): 60 - 73.

[217] 葛继红, 徐慧君, 杨森, 刘爱军．基于 Logit - ISM 模型的污染企业周边农户环保支付意愿发生机制分析——以苏皖两省为例 [J]. 中国农村观察, 2017 (02): 93 - 106.

[218] 何凌霄, 张忠根, 南永清, 林俊瑛．制度规则与干群关系: 破解农村基础设施管护行动的困境——基于 IAD 框架的农户管护意愿研究 [J]. 农业经济问题, 2017, 38 (01): 9 - 21 + 110.

[219] 李增刚, 孙颖．中国农民保健投入现状及影响因素的实证研究——基于对山东省农村的调查 [J]. 山东大学学报 (哲学社会科学版), 2008 (04): 104 - 112.

[220] Burton R. The influence of farmer demographic characteristics on environmental behaviour: A review [J]. Journalof Environmental Management, 2014, 135 (4): 19 - 26.

[221] Lalani B, Dorward P, Holloway G, Wauters E. Smallholder farmers' motivations for using Conservation Agriculture and the roles of yield, labour and soil fertility in decision making [J]. Agricultural Systems, 2016, 146: 80 - 90.

[222] Deci E L, Ryan R M. Promoting Self - determined Education [J]. Scandinavian Journal of Educational Research, 1994, 38 (1): 3 - 14.

[223] Rogers L J. Cognition and animal welfare [J]. WIREs Cognitive Science, 2010 (1): 439 - 445.

[224] 杨军．影响我国中老年人群健康需求的因素分析 [D]. 大连: 东北财经大学, 2013.

[225] 穆光宗. 老年发展论——21 世纪成功老龄化战略的基本框架 [J]. 人口研究, 2002, 26 (06): 29 - 37.

[226] Tian Q. Intergeneration social support affects the subjective well - being of the elderly: Mediator roles of self - esteem and loneliness [J]. Journal of Health Psychology, 2016, 21 (6): 1137 - 1144.

[227] 王崇梁, 曹锦丹, 王珅, 许斌, 宋雨朦. 信息框架对健康风险认知和行为改变决策的影响 [J]. 图书情报工作, 2020, 64 (04): 68 - 77.

[228] Muurinen J M. Demand for health: A generalised Grossman model [J]. Journal of Health Economics, 1982, 1 (1): 5 - 28.

[229] 李明贤, 刘程滔. 当前我国农户融资需求的特点及其面临的融资约束分析 [J]. 理论导刊, 2015 (09): 68 - 72.

[230] 黄奕祥. 健康管理: 概念界定与模型构建 [J]. 武汉大学学报(哲学社会科学版), 2011, 64 (06): 66 - 74.

[231] WHO. 1991 调查报告 [R]. 1991.

[232] Cockerham, William C, . Health Lifestyles: Bringing Structure Back, in The New Blackwell Companion to Medical Sociology [M]. edited by W. C. Cockerham, Willey: Blackwell, 2010.

[233] House, James S. Understanding Social Factors and Inequalities in Health: 20th Century Progress and 21st Century Prospects [J]. Journal of Health and Social Behavior, 2002, 43 (2): 125 - 142.

[234] 吴石磊, 赵鑫, 许家云. 农村居民食物消费对农村贫困的影响研究 [J]. 山西财经大学学报, 2013, 35 (04): 1 - 8.

[235] Liu Y, Rao K, Hu T W, et al. Cigarette smoking and poverty in China [J]. Social Science & Medicine, 2006, 63 (11): 2784 - 2790.

[236] 钱军程, 高军, Julia Critchley, 汤胜蓝, 陈育德. 吸烟致贫及对贫困户卫生服务需要和利用影响的研究 [J]. 中华预防医学杂志, 2008, 42 (11): 848 - 850.

[237] 杨志海, 麦尔旦·吐尔孙, 王雅鹏. 健康冲击对农村中老年人农业劳动供给的影响——基于 CHARLS 数据的实证分析 [J]. 中国农村观察, 2015 (03): 24 - 37.

[238] Bernheim B, Ray D, Yeltekin S. Poverty and Self - Control [J].

Econometrica, 2015, 83 (5): 1877 -1911.

[239] 方迎风. 行为视角下的贫困研究新动态 [J]. 经济学动态, 2019 (01): 131 -144.

[240] Cornia G A. Poverty, food consumption, and nutrition during the transition to the market economy in Eastern Europe [J]. The American Economic Review, 1994, 84 (2): 297 -302.

[241] 杰弗里·M. 伍德里奇. 计量经济学导论: 现代观点 (第六版) (经济科学译丛) [M]. 北京: 中国人民大学出版社, 2018.

[242] Mani A, Mullainathan S, Shafir E, et al. Poverty Impedes Cognitive Function [J]. Science, 2013, 341 (6149): 976 -980.

[243] Haushofer J, Fehr E. On the psychology of poverty [J]. Science, 2014, 344 (6186): 862 -867.

[244] Lynch J W, Kaplan G A, Salonen J T. Why do poor people behave poorly? Variation in adult health behaviours and psychosocial characteristics by stages of the socioeconomic life course [J]. Social science & medicine, 1997, 44 (6): 809 -819.

[245] 张仲芳. 精准扶贫政策背景下医疗保障反贫困研究 [J]. 探索, 2017 (02): 81 -85.

附　录

内蒙古深度贫困地区农户健康投资行为调查问卷

您好！为了了解内蒙古深度贫困地区农村居民因病致贫的情况，以及具体实施的健康投资行为，特设计此份调查问卷。本次调研数据及结果只用于学术研究，务必请您按照您的实际情况逐一回答我们所提的每个题目，谢谢您的合作。

问卷编号：___；日期：____年____月____日；调研员姓名：________；调研地点：内蒙古________盟（市）________旗（县、区）________乡（镇）________村。

受访者类型：①农户；②牧户；③半农半牧户；距离最近的乡镇政府________公里。

受访者联系电话：____________________。

一、受访者个人及家庭基本信息

1. 您的性别？①男；②女。

2. 您是否为户主？①是；②否。

3. 您的年龄？①40—49 岁；②50—59 岁；③60—69 岁；④70—79 岁；⑤80 岁以上。

4. 您的民族？①汉族；②少数民族：________族。

5. 您家庭的主要劳动力人数（16—64 岁）？________人。

6. 您家庭户主的文化程度如何？

①小学及以下；②初中；③高中/中专/技校；④大学（本科/专科）及以上。

7. 您家庭目前的居住现状：

①独居；②仅与父母同住；③仅与老伴儿同住；④与老伴儿及父母同住；

⑤与老伴儿及儿女同住。

8. 您的身体健康自评状况？①很好；②较好；③一般；④差；⑤较差。

9. 您家族（祖辈、父辈、兄弟姐妹）的疾病史有哪些？

①高血压；②心脑血管疾病；③糖尿病；④中风；⑤恶性肿瘤。

二、受访者个人及家庭因病致贫特征

10. 您的家庭是否为建档立卡贫困户？①是；②否。

11. 如果您是因病致贫农户，则您属于下列哪种情况？（可多选）

①大病重病；②长期慢性病；③残疾；④地方病；⑤工伤及职业病；⑥意外伤害。

您或家庭其他成员患病的名称：______________________；患病时间：__________。

12. 如果您是因病致贫农户，请您选出因病致贫的原因？（可多选）

①因病丧失劳动力致贫；②自负医疗费用过高（a. 医疗费用支出高于家庭收入；b. 报销比例过低）；③两种原因皆有。

三、受访者家庭收入及医疗支出信息

13. 您家庭收入的主要来源及金额？（可多选）

①务农种植______元；②畜牧业养殖________元；③外出打工________元；④子女补贴__________元；⑤养老金________元；⑥低保金________元；⑦粮食直补________元；⑧其他________元。

14. 您家庭最近一年的总收入是__________元。

15. 您家庭参加了哪些医疗保险？①新农合，自付______元；②大病保险______元；③商业医疗保险______元；④其他________；⑤没参加任何医疗保险。

16. 您家最近一个月的门诊费用______元，最近一年的住院费用______元，自付____________元，报销____________元，报销比例____________。

四、受访者及家庭健康投资意愿

17. 当您身体感觉到不舒服时，愿意去医院看病吗？①非常愿意；②愿意；③一般；④不太愿意；⑤非常不愿意。

18. 您愿意进行长期健康投资吗？①非常愿意；②愿意；③一般；④不太愿意；⑤非常不愿意。

19. 如果您不愿意进行健康投资，原因是什么？

①收入有限，缺乏投资能力；②认为健康投资无用；③时间精力有限；④身体状况不允许。

20. 您平时愿意锻炼身体吗？①非常愿意；②愿意；③一般；④不太愿意；⑤非常不愿意。

21. 您愿意合理搭配饮食吗？比如少油少盐，多吃蔬菜等：①非常愿意；②愿意；③一般；④不太愿意；⑤非常不愿意。

22. 您愿意定期参加日常体检吗？①非常愿意；②愿意；③一般；④不太愿意；⑤非常不愿意。

23. 您认为健康投资重要吗？①非常重要；②重要；③一般；④不太重要；⑤非常不重要。

24. 您对健康投资的态度是？①非常积极；②较积极；③一般；④较消极；⑤非常消极。

五、受访者及家庭短期健康投资行为

25. 如果您或其他家庭成员患大病或重病，会选择哪种治疗方式？

①正式治疗（去专业医疗机构就医）；②非正式治疗（自行购药、采用民间偏方、宗教迷信方式）；③没有采取任何措施。

26. 如果选择正式治疗，会去什么地方就医？①村医疗站或卫生所；②乡镇医院；③县级医院；④市级医院；⑤本省以外就医；⑥私人诊所。

27. 您选择就诊医疗机构考虑的因素有哪些？（可多选）

①距离近；②医疗服务和药品价格低；③有亲戚或熟人；④有信任的医生；⑤新农合报销的定点医院；⑥医生服务态度好；⑦看病手续简便。

28. 您家离最近的医疗站或卫生所有多远？

①15 分钟以内可到达；②15 分钟—30 分钟；③30 分钟—1 个小时；④1 个小时以上。

29. 您或其他家庭成员患病后，最近一年住院治疗的时间有多长？

①5—10 天；②10—20 天；③20—30 天；④一个月以上；⑤没有住院治疗。

30. 您或其他家庭成员患病后，最近一年的医疗支出是否在5000元以上？①是；②否。

六、受访者及家庭长期健康投资行为及日常生活习惯

31. 您认为体检重要吗？①很重要；②重要；③一般；④不重要；⑤很不重要。

您及其他家庭成员得病前是否体检？①是，隔____月体检一次；②否。

32. 您认为吸烟会影响身体健康吗？①肯定会；②应该会；③不知道；④不会；⑤肯定不会。

您主要吸哪种烟？①普通香烟；②烟斗或水烟袋；③手卷烟或旱烟。

您及其他家庭成员得病前是否吸烟？①是，烟龄有____年，每天吸____支；②否。

33. 您是否曾经戒过烟？①是，戒了____月；②否。

34. 您认为喝酒会影响身体健康吗？①肯定会；②应该会；③不知道；④不会；⑤肯定不会。

如果喝酒，一般多长时间喝一次？①几乎每天；②每周3—4次；③每周1—2次；④偶尔喝。

您通常喝什么酒？①啤酒；②瓶装白酒；③散装白酒；④啤酒＋白酒。

您及其他家庭成员得病前是否喝酒？①是，喝酒的年限是____年；②否。

35. 您及其他家庭成员得病前是否锻炼身体？①是：a. 经常锻炼　b. 偶尔锻炼；②否。

如果锻炼身体，每周锻炼的次数是多少？①1—2次；②3—4次；③5次以上。

怎么锻炼呢？（可多选）

①走步；②跑步；③跳广场舞；④球类活动；⑤村里的健身器材；⑥扭秧歌；⑦其他。

36. 您家是否合理搭配饮食？①是；②否。

您及家庭成员的吃饭口味怎么样？①很淡；②略咸；③很咸；④适中。

您家是否经常吃新鲜蔬菜？①每天都吃；②夏天吃的多，冬天基本不吃；③很少吃；④不吃。

您家是否经常吃新鲜水果？①每天都吃；②夏天吃的多，冬天基本不吃；

③很少吃；④不吃。

您及家庭成员的主要饮食结构是什么？

①大米；②白面和莜面；③土豆、粉条；④肉类；⑤鱼类；⑥蛋类；⑦豆类；⑧杂粮类（玉米、高粱、燕麦、红豆、薯类）。

37. 您认为您的身体有没有健康隐患（存在健康风险吗）？比如：睡眠不足、过度疲劳、血压高、饮食油腻。

①肯定有；②没有；③不知道。

再次感谢您的积极参与！

致　谢

提笔致谢之际，感触良多。

本书源于我的毕业论文。论文写作前期，我深入兴安盟、乌兰察布市等几个盟市的深度贫困地区开展了调研，查访贫困户，了解贫困状况、贫困程度和致贫原因。期间，我深切体会了偏远地区农牧民的艰苦条件和艰辛生活。在这里，艰辛与抗争并存，痛苦与快乐同在，无奈和希望交织……我也深刻体会到了脱贫攻坚的必要和艰难。我希望也愿意相信这里所有的贫困以及所有因贫困带给人们的痛苦和不幸，终将随着一场旷古烁今的伟大战役——脱贫攻坚战而彻底消亡。

此时此刻，调研的意义已经远远超过了论文本身的需要，我觉得自己有责任、有义务认真地搞好调研，实事求是地反映情况，通过严谨的论证和客观的分析工作提出有益的意见和建议，为脱贫攻坚工程尽绵薄之力，做出应有贡献。

在数据搜集和论文写作过程中，我得到了来自社会、单位众多人士的鼎力支持和帮助，得到了来自家庭成员的温暖关怀和鼓励，在此深表谢意！

我的导师盖志毅先生温文尔雅，在学术上严肃认真，一丝不苟，谈笑风生中既强调了严格的要求也融入了精细的专业化指导，为我的论文写作缓解了心理压力，指明了方向，确定了原则，提供了方法，并且督促我每日汇报，使我得以顺利完成了论文写作。虽然最后的成文水平与导师的严格要求还有差距，但已是我力所能及。在此，对盖志毅先生的开释与教诲致以深深的谢意！

内蒙古农业大学经济管理学院的乔光华教授、张心灵教授、赵元凤教授、姚凤桐教授、包庆丰教授、乌云花教授、刘秀梅教授、杜富林教授等，在开题和论文写作过程给予了指导和帮助，提出了宝贵的修改意见，使我得到了很大启发。他们渊博的学识、谦逊的为人、丰富的实践经验是我今后成长的动力和学习的楷模。在此，再次向各位老师表示最诚挚的谢意！

内蒙古财经大学会计学院的晓芳教授、兰秀文教授，在我读博期间给予科研及教学上的大力支持，使我可以安心学习、探索未知；经济学院史俊宏教授在我困惑、迷茫时提供了很多具有建设性的意见，为论文撰写提供了许多有价值的信息和灵感；师姐兼好友康晓虹女士在百忙中帮我厘清思绪、校勘错误，提供了很多良好的意见和建议，很大程度上加速了论文的写作进程，提升了论文的写作质量；同事兼好友郭巧莉女士一直鼓励我振作精神、坚强自信，在我失意和疲惫时能给予力量和希望；同学兼好友林海英博士为我慷慨解惑，在我需要帮助时总是能及时出现；张占军老师、钱丽丽老师帮我联系调研旗县并陪同调研，因为有他们在，我内心多了一份踏实感；研究生王鹏程同学、宋雲琪同学、张玉婷同学、姜雪平同学帮助我进行数据和文献的整理，在此一并表示衷心的感谢！

我的家人在论文撰写过程中，给我的鼓励、关心和理解，为我提供了强大后盾和不竭动力。一个温暖的言行，一束期待的目光让我能够继续前行。勤劳精干的妈妈时常电话问候、邮寄家乡小菜、缝制薄厚被褥；幽默随和的爸爸总是强调一句话：身体是革命的本钱；善良、耿直的哥哥不仅烹制美味食物，而且还催促我的学业，批评我的拖延懈怠；温和豁达的丈夫虽然寡言少语，但总能言简意赅地宽慰我，毫不拖泥带水地指出我的问题；幼稚调皮的女儿虽处垂髫之年，但似乎格外懂事，带给我幸福和感动。感谢所有为我无私奉献的最可亲的人！

最后，我要特别感谢我的“论文”。正如书法之于历史文化，凝神静气，笔走龙蛇间结识书法家，走入历史深处，品味历史文化，修身养性，增长知识。在论文写作的整个过程中，我深入了社会，丰富了阅历，梳理了知识，锻炼了意志，坚定了信念，在反复的挫折和失败中不断总结和修正。从一筹莫展，灵光一闪到思路清晰，豁然开朗，痛苦、坚持、希望、快乐这一切都源自论文。

陶　娅

2022 年 6 月